科学传播与科学教育

第三辑

主编　郭传杰　周忠和

中国科学技术大学出版社

内容简介

本书共收录科学传播与科学教育领域高水平学术论文11篇，分为前沿求索、理论探究、实践知鉴、史海撷英四个板块。其中，“前沿求索”介绍新文科背景下科学传播专业建设的契机和路径、面向Z世代的科学游戏与思想教育融合路径、前沿科技成果的短视频创作策略、注册报告在学术期刊领域的创新建设；“理论探究”介绍短视频内容的创新生产、框架盗猎、科学传播专业的建设、美国后真理社会的科学传播、STEM领域中女性生涯选择；“实践知鉴”介绍科普场馆电影节品牌建设的创新实践、意大利传播科学文化的经验；“史海撷英”介绍科技史学科的代表性人物王锦光。本书旨在推进科学传播与科学教育在科学前沿领域内的研究与发现，促进学术交流与学科发展，使之更好地服务于公民科学素质提升、科学教育体系推广和创新型国家建设。本书可供科学传播与科学教育领域相关高校师生、科技工作者以及从业人员学习参考。

图书在版编目(CIP)数据

科学传播与科学教育.第三辑/郭传杰，周忠和主编.—合肥：中国科学技术大学出版社，2023.10

ISBN 978-7-312-05754-0

Ⅰ.科… Ⅱ.①郭… ②周… Ⅲ.①科学技术—传播学—研究 ②科学教育学—研究 Ⅳ.①G206.2 ②G40-05

中国国家版本馆CIP数据核字(2023)第151403号

科学传播与科学教育(第三辑)

KEXUE CHUANBO YU KEXUE JIAOYU (DI-SAN JI)

出版 中国科学技术大学出版社
安徽省合肥市金寨路96号，230026
http://press.ustc.edu.cn
http://shop109383220.taobao.com

印刷 安徽国文彩印有限公司

发行 中国科学技术大学出版社

开本 787 mm×1092 mm 1/16

印张 11.25

字数 227千

版次 2023年10月第1版

印次 2023年10月第1次印刷

定价 56.00元

序 言

《科学传播与科学教育》不知不觉已经走到第三辑了，编辑部又收获了若干很有新意的学术话题，无论是在理论思考上还是在实践观察上都有若干可圈可点的心得，由此也引起了我对新时期科学共同体价值取向和担当精神的一点期盼与展望。

在我国社会主要矛盾转化和中国式现代化目标进入新表达语境之际，关于科学传播的最关键主体——科学共同体传播科学责任的讨论也在近期日趋升温，涉及“硬科普”“前沿科技传播”“争议性科学责任”等离开科学共同体很难完成的重大传播议题，令人对这一主体目前履行使命的成效及担当有不少存疑和指责。因此，涉及价值立场的科学文化、科技伦理，近期也成为科学共同体与外部碰撞的热点。

我们似乎进入了科学发现、技术发明引领文明体演化的新情境，一个国家、一个民族创新活力的培养与科学价值观的关联开始紧密，而科学文化正是构建优质创新生态的关键基因之一。以往，科学文化通常就是科学家和共同体圈子内“玩学术”而形成的文化规制。今天，科学文化则不仅仅属于科学家群体、科学共同体，也日益鲜明地属于社会公民以及其他非科技组织，因为讨论的内部议程很大部分都会基于新传播技术平台快速纳入公众关注，并且成为公民个人和组织理解科学新进展、参与发展科学的价值基础和行动资源。这样的文化怎么能与大众分离开呢。

当然，从科学传播与科学教育角度说，科学文化目前在价值引领、伦理规范上涌现出传播特征对内容的影响值得高度关注，其中传播的分众化、渠道的智能化是最突出的两大特征。

从传播内容这一翼看，当前科学传播要素与渠道均在叠加、重组、交融乃至再创造的强颠覆性进程中，新自媒体与人工智能媒体平台成为当下公众科学传播的主要阵地，与大众传播时代完全不同的立体化、交互型科学内容传播体系实际上已被构建。越来越多的“公众”热衷于通过自媒体“自由”传播科学内容及流行观念,接触与消费前沿科学探索内容的人群爆发式地壮大。

在公众科学素养和参与能力不断提升的同时,科学传播过程中意见领袖的"闪现"呈现风起云涌的特征。这些意见领袖较大比例是拥有良好科学教育背景的普通人,如业余科学家、博士研究生群体等。有些活跃在各大科普类网站上,如科学网、科学松鼠会网;有些作为大V活跃在微博里,如"科学家种太阳"、"博物杂志";有些在网络论坛和社区里,如知乎大V"Mandelbrot"、科技袁人;还有运营着自媒体平台的,如"赛先生"、"DeepTech深科技"等等。

这些意见领袖往往都拥有庞大的粉丝群体,通过粉丝的接力传播扩大对科技话题的影响力或者科学观念的热度。当然,由于尚未建立起针对自媒体平台上科学内容的有效审核及纠错机制,使得部分伪科学内容和惑众谣言、谎言"横行"网络的现象也是客观存在。

于是问题凸显出来:科学共同体作为科学内容供给的源头,同时也是争议性科学议题和前沿分歧观念解读最具分析力的人群。社会各界也都觉得这个共同体才是真正有能力、更有责任担负起互联网和社交空间科学内容"把关人"的主角。

目前,这一职责的履行看起来并不理想,不仅普通大众、主流媒体对于新传播场景中权威"把关人"不能到位感到苦恼,政府对此缺位也是屡屡在思考如何设计促进"把关人"主角到位的政策,其中,学院科学原有的内向性形成了全民科普生态破碎化的难言之隐,但对科学共同体担当起科学内容"把关人"未能进行系统的确权也是很关键的原因。

今天,需要科学共同体担当起以正确、正式、优质的科学内容服务大众的核心面向,从而体现其当代意义上的文化精神与价值引领;需要科学家和科技工作者成规模、成建制地走进民众之中进行科技成果的及时传播,从而让科技进步的福利快速普及到所有将随中国式现代化走入创新型国家的国民;亟须将全社会协同的国家科普行动纳入到科技创新主体的绩效考核体系中,如果不能纳入到绩效考核体系,一线的中青年科学家群体在目前的绩效文化环境下就较难肩负国家责任持续走进民众;当然,科学家科研道路上的伦理责任履行无疑更是亟须通过公众和多元利益群体的开放对话进行强化。

从传播渠道这一翼看,作为同属于文化传播构建层面的科学传播受到网络传输、云间存储、算法推送、智能媒体等的深度冲击,其新的形态演化已经加速到令人目不暇接,如从移动新媒体、初级AI-VI类沉浸式媒体到元宇宙、Chat-GPT

(Chat Generative Pre-trained Transformer,是人工智能技术驱动的自然语言处理工具),新的传播场景正在深度改变公众获取知识、生成观念的渠道和体验方式。科学传播实践的方式也从单线内向建设变为多线泛边界交互建设路径,涌现型观念塑造与扩散体系开始主导。

在中国科学共同体内部,对这一传播渠道翻天覆地变革的积极探索也在涌现,以下是中国科学院昆明植物研究所的一个案例:

该研究所是我国植物学领域很重要的研究机构。在超过80年的植物学研究实践的积累中,形成了以"原本山川,极命草木"为核心内涵的科学文化,其中蕴含着以认识植物为基础、以利用植物为方法、以造福于民为目标的价值取向和服务观念。这样一个历史悠久的典型科学共同体机构,近年来开发出系列组合形式的植物学信息化传播服务空间,在彰显该所文化精神和传播理念上日新日进,激发出新媒介传播语境下在专业科学内容服务社会方面的引领能力,较好地担当起了开源服务"把关人"的角色。

第一个是作为智能植物志的iFlora信息平台。该平台是将植物学、DNA测序技术与集成传播技术相结合,集样品收集、遗传信息获取、形态学和DNA数据分析为一体,为植物学专家、植物科学行业、政府部门和公众便捷与准确识别植物,获取纵深关联信息提供植物学知识获取的新媒介空间。

iFlora信息平台通过工作机制的建立和标准规范的制定,依托该所自建的植物科学数据库,对植物科学研究资源的核心数据、基础数据和拓展数据进行三级水平上的系统整合,构建我国维管植物标准数据库,建成了一个支撑数据汇聚、融合和服务的开放服务平台。该平台能够为海关、司法、药检等政府决策部门和社会公众便捷、准确了解与获取植物多样性和遗传信息提供全新的认知方式和多级知识获取。iFlora信息平台通过专项和开源传播,带动、培育和拓展了我国植物物种识别人群,显著提升了公众植物学探究文化的实践水平。

第二个是Kingdonia数据中心。这是植物所标本馆数据中心的标本子库平台,服务内容是为准确认识植物提供资源积累与数据支撑。Kingdonia数据中心具有以下几个特点:基于云端开发,系统具有良好的伸缩性;搜索体验便捷,满足分类学家、植物爱好者的不同需求;采取新的录入模式,降低了实体标本的损坏概率,并使得数据录入速度比以往有五倍以上的提升,另外也可以在野外WEB状态下直接录入采集信息,从而大幅提高日常标本数据的入库速度;采取了以条形码为唯一标识的标本管理体系,可以降低错误入库的概率;具备强大的科学数据统计功能;计划开发中的标本子库将配合 Kingdonia 数据中心的其他模块,为个人提供更优秀的植物学数据管理服务。

第三个是 Bio tracks APP。该专业开源服务性质的手机软件由植物所的中科院东亚植物多样性与生物地理学重点实验室主导开发,使用者能够在野外环境下采集植物与地理信息并记录在手机上,能够记录自己的户外行动轨迹并与其他用户相互参考,能够根据拍摄的照片与位置信息生成个人图片地图,还能够探索感兴趣的物种,与其他用户一起共同发现与分享周边更多的图片与行动轨迹。

Bio tracks APP 能够实现在移动互联网与社交媒体的传播语境当中找到植物学研究与植物科学文化的开放交互实践模式,使得"原本山川,极命草木"的科学文化精神焕发出新的生命力。

《科学传播与科学教育》的目标是聚合国内外的研究资源,努力成为中国这一新领域研究逻辑和实践场景观察、提炼的平台。因此,我们需要高度关注科学文化真实的实践图景已经在不经意间发生了巨大改变,在移动社交成为新传播空间时,科学共同体在渠道构建上亟须:① 创建网上虚拟交互科技内容交流载体;② 开放社交型科学内容传播应用场景;③ 融入主流沉浸式技术传播平台和公众社区;④ 开发体现和承载科学内容精髓的多模态传播渠道。

上述四点作为新时期科学大众化养成体系发育的交流渠道支撑,将成为科技创新主体的文化真正成为开放文化、亲民文化的关键,并且会成为全面强化科学服务人民追求美好生活前景的基础价值。

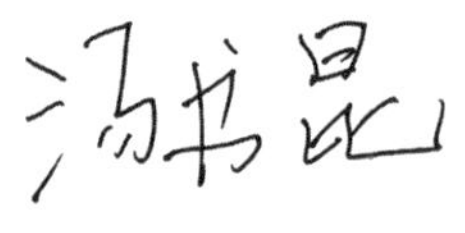

2023 年 9 月 10 日

目　录

前沿求索

新文科背景下科学传播专业建设的契机和路径

张明新　袁向玲

华中科技大学新闻与信息传播学院，武汉　430074

摘　要　科学传播与国家的科技进步、经济建设紧密相连，与公民科学素养、科学精神关系密切。我国科学传播专业的建设发展，在专业和学位点数量、人才培养规模与水平方面，还存在很大的提升空间。新文科建设为科学传播专业发展提供了新理念和新动能。在新文科建设背景下，科学传播专业发展面临新的契机。本文提出，当下科学传播的专业建设需要从学科设置、建设思维、培养观念、专业布局、团队建设、课程设置和学术研究诸方面思考和实施可行的路径。

关键词　科学传播；新文科建设；专业建设；人才培养

1 序　　言

科学传播作为一个历久弥新的议题，与国家科技进步和经济建设紧密交织，也与公民的科学素养和科学精神紧密相连。当今时代，人类正处在第四次科技革命浪潮中，科学技术对人类社会影响巨大。新的信息技术、空间技术、材料技术、能源技术已经深入人们生活的方方面面，改变着人们的思维方式、工作和生活状态。当前，“我国具备科学素质的公民仅 10.56%，科普工作与党和国家的要求及人民的迫切需求，特别是科技创新紧迫需求相比还存在一些差距”。[1]

习近平总书记强调：“科技创新、科学普及是实现创新发展的两翼，要把科学普及放在与科技创新同等重要的位置。”[2]要推动和落实科技强国战略，就必须要大力发展科学传播事业。早在 2006 年，国务院在颁发的《中国中长期科学技术发展纲要》和《全民科学素养行动纲要》中指出，要在高校设立科技传播专业，“通过高等院校和有关研究机构培养大批科学传播与普及专门人才”。对于今天的中国而言，建设发展好科学传播专业，加强科学传播人才培养，推动科学技术普及，提升全民科学素养,依然十分迫切。科学传播专业的建设,将为培养出优秀的传播人才创造有力的平台及有效的渠道,这些专业人才致力于将复杂的科学概念转化为易于理解的语言,让大众能够更好地理解科学的本质。同时,推动科学技术普及和提升全民科学素养,有助于打破信息壁垒,让更多人了解科技对日常生活和社会发展的影响。

2 我国科学传播专业建设发展的基本情况

科学传播涉及的主要领域包括健康、医学、生命、环境等诸多方面。从全球范围来看,西方发达国家的科学传播人才培养起步早、发展迅速,积累的经验比较丰富。美国、英国、澳大利亚、日本等国的科学传播专业建设和人才培养都走在世界前列。以美国为例,作为传播学研究重镇的威斯康星大学,早在1908年就已创建科学传播专业,在农业和生命科学学院中设置了农业新闻学系[3]。这是国外高校科学传播专业建设的特点,即将专业建制和人才培养设置在科学学院、理学院、生命学院、环境学院、农业学院等埋工科学院。在英国,有10余所高校开设了科学传播专业或相关培训课程,包括伦敦帝国理工大学、巴斯大学、伦敦大学学院等高校,涉及生物科学、生命科学、天文学、科技史与科学哲学、新闻传播、教育研究等多个院系,旨在通过学术化的理论知识学习,培养学生专业化的科学传播能力。在人才培养的层次上,英美等西方国家的科学传播专业建设,已打通本、硕、博层次,强调理论和实践并重,教学和科研并举,拥有成熟完善的专业建设模式。

在我国,从20世纪80年代开始,科学传播作为一个研究在教育领域受到关注。据不完全统计,目前全国在科学传播方向的培养方面,本科层次的高校有中国科学技术大学、中国农业大学、复旦大学和上海交通大学。其中,中国科学技术大学和中国农业大学在传播学专业培养科学传播方向人才,复旦大学则将专业设在哲学门类。上海交通大学针对理工科学生开设了传播学第二专业,并针对文科生增加了理工类通识课。

在硕士生层次培养科学传播人才上,当前已有十多所高校,包括中国科学技术大学、中国农业大学、中国科学院大学、清华大学、华中科技大学等,在传播学专业设置科学传播方向,授予传播学大硕士学位。北京师范大学、湖南大学、复旦大学、北京理工大学、上海交通大学、北京大学、中南大学等高校,开设了科学传播方向硕士课程,授予哲学、历史学或教育学等学科的硕士学位。在博士层次培养上,中国科学技术大学、清华大学、华中科技大学等高校,设置有科学传播方向,授予传播学博士学位。上海交通大学、北京大学等高校开设有科学传播方向博士课程,授予哲学或历史学博士学位。

中国科学传播专业的人才培养，总体上强调人文社会科学特色。自中国科学技术大学首创传播学专业以来，迄今已有30多年历史，也积累了许多经验。然而，我国的科学传播专业建设，不论在专业和学位点数量、人才培养规模还是水平等诸方面，还存在很大的提升空间。当前，有“科学传播”“科学普及”或“科技传播”专业建制的高校很少。这种状况与国家对科学传播人才的需求实际相比，仍然存在很大差距。

建设发展科学传播专业的障碍主要在于，该专业本身具有鲜明的跨学科性质，涉及的学科很多，包括新闻传播学、心理学、哲学、教育学等人文社科类及特色专业领域的科学技术、卫生健康类学科。另外，许多年来，来自社会和行业诸领域对科学传播人才的市场需求虽在不断增长，但一直没有引起教育管理部门的足够重视。由此，在教育部的学科专业目录上，没有科学传播或类似专业，这无疑影响到学生的招生、培养、就业等系列环节。包括中国科学技术大学在内的几所高校，其科学传播专业试点虽已有较长时间，但始终未有长足进展，即是源自上述原因。近年来，科技强国成为重要的国家战略，科学普及是其中的关键一环。从市场的角度看，近年来我国的科普产业规模庞大、人才需求旺盛[4]，从客观上需要高校在科学传播专业建设上作出回应。从教育的角度看，近来国家层面大力倡导的新文科建设，以解决社会实际需求为宗旨，以推进学科交叉融合为手段，为发展科学传播专业提供了良好的契机。

3 新文科背景下科学传播专业建设的契机

新文科于2019年“六卓越一拔尖”计划2.0启动大会中提出，是一种基于传统文科而又超越传统文科，以新时代、新经济与新产业为背景，融合了理、工等诸多外部学科要素的包容性学科框架[5]。新文科建设有助于优化新闻传播学的教育理念、人才培养模式和专业建设方案。

新文科建设为科学传播专业发展提供了新理念。长期以来，我国高校的文科人才培养，面临着与社会实际需求脱离、改革创新明显滞后、人才培养模式固化陈旧等系列问题[6]。科学传播专业建设同样存在此类问题。具体表现为：在专业设置和教育体系中处于边缘地位；专业培养方式单一、跨学科培养较少；课程设置单一，理论为主，实务类课程较少[7]。借助新文科建设理念，能够为科学传播专业的发展提供新的改革观念和思维框架，破除跨学科的专业壁垒，在培养模式上进一步倡导多学科融合。

新文科建设为科学传播专业发展提供了新动能。新一轮科技革命带来新文科人才发展需求。新文科是在新时代背景下提出的,提倡"学以致用",将引导科学传播与科技革命融合发展。科学传播作为科技创新领域的重点工作之一,应更加重视学科与行业发展的适配性问题,服务国家重大发展战略。新一轮科技革命已如火如荼地开展,促进着知识生产模式的转变。弘扬科学精神、传播科学思想、倡导科学方法的社会发展和实践需要,将引导科学传播专业的改革创新。

2016 年 5 月 17 日,习近平总书记在哲学社会科学工作座谈会上强调要"构建中国特色哲学社会科学"。当下中国的科学传播专业建设理念、思路和方法,主要来自欧美国家,具有浓厚的西方气质。我们需要在新文科建设背景下,进一步思考如何以中国文化为土壤、以中国实际为出发点、以解决中国问题为宗旨,推动科学传播专业建设和人才培养。

4 科学传播专业建设的主要路径

在新文科建设引导下,当下的科学传播专业建设,可考虑从如下七个方面开展和实施。

第一,在学科设置上,要推动在国家层面实现科学传播专业建制化。新闻传播学作为一级学科,下设两个二级学科:新闻学和传播学。在新闻传播学一级学科下,设置有本科专业 10 个:新闻学、广播电视学、广告学、传播学、网络与新媒体、编辑出版、数字出版、国际新闻传播、时尚传播和会展。当下,不论从全球科技文化发展格局还是从中国战略需求上看,科技产业变革持续加速,科学传播顺理成为重要领域,科学传播有必要成为新闻传播学一级学科下成建制的本科专业。在新文科建设背景下,成建制的科学传播势必是跨学科的专业。推动科学传播专业的建制化,并非为消解学科的多元性和交叉性,乃是为更好地规范科学传播的跨学科属性,服务于科学传播的理论建设、实践推动和产业发展。新闻传播学学科的学术界和教育界,尤其是国务院学位委员会学科评议组成员和教育部高等学校新闻传播学类专业教学指导委员会委员,在这方面能做一些努力。

第二,在建设思维上,要注重科学传播专业的特色化发展。在国外,很多科学传播专业点都设在工学院、理学院、生命科学学院、环境科学学院等理工科学院;但在我国,一般都设在哲学、历史、新闻传播学等人文社科学院。国内招收培养的科学传播专业学生,更偏向于人文社科背景,欧美名校则偏向于招收具有理工医类背景的学生。理工医科占优势的高校,要借助先天优势,大力发展科学传播专业,包括健康传播、生命传播、环境传播等方向。理工医类高校可发挥自身学科优势,建设具有地域、产业、院校等特色的科学传播专业,打造高水平的培养方案和特色课程。目前全国约800所高校拥有新闻传播学专业，本科教学点约1400个。其中新闻学、广播电视学、广告学、网络新媒体等专业点数量较多，相对饱和。当下，媒体处于深度融合发展的关键时期，新闻学、广播电视学、网络与新媒体、传播学等专业，实际上已不存在专业思维、知识、技能、方法壁垒，实现了深度融合。从人才培养专业布局角度上看，发展科学传播专业，有助于改变新闻传播学一级学科下专业数量多、同质化严重、专业吸引力弱化的局面。

第三，在培养观念上，要坚持融合性和开放性理念。科学传播是跨学科性的专业，需要融合性思维。根据国际已有的科学传播专业建设经验，它融合四个方面的知识和方法。首先是科学知识，如生命科学、环境科学、物理学等。早先，康奈尔大学开设了许多富有科学知识内容的跨学科特色课程，如"生命科学传播""科学与技术的大众传播"。其次是社会科学知识，要打牢学生的理论功底，如哲学、伦理学等。再次是传播学知识技能，关注媒体在传播知识科学过程中的规律和效果，特别是学生从事科学传播的技能方法。最后是教育学方面的知识。科学教育与科学传播的关联非常密切，但两者的使命略有不同，前者主要对公众开展科学教育，而后者更多注重公众参与[8]。对科学传播专业建设来说，以上四者缺一不可。所谓开放性理念，就是要对标国家科普实践需求和科学传播专业发展实际，坚持开门办学、开放办学，面向科学界、产业界、科学技术协会、科技场馆、科学管理机构、科技媒体等，注重"走出去"和"迎进来"。唯有如此，专业教学和实践开展才会有依托。就已有的探索和经验来看，美国、英国、澳大利亚、日本、加拿大等西方发达国家，在科学传播领域的教育和科学研究上各有特色。在相当程度上，科学议题设置、科学探索过程、科学成果应用，具有一定的普遍性，决定了科学传播具有相对普遍的规律。这也要求我们强化科学传播专业建设的全球开放性思维[9]。中国科学技术大学在这方面积累了丰富经验，坚持开放办学，坚持全球化视野，为我国建设发展科学传播专业积累了宝贵经验。

第四，在专业布局上，要注重本、硕、博多层次打通和衔接。一般来说，相比于硕士、博士层次，在本科层次开展专业建设的难度更高，因为本科专业申报获批难度更大，培养周期更长，学生就业更为不易。在具体的方案设计上，本科层次的专业培养，需要在前两年强化人文社科、新闻传播学、科学专业基础教育和通识教育；后两年，要开展多样化科研及科学传播实践，注重培养学生的理论思维与实践能力。与本科层次专业建设相比，在硕士、博士层次上开展工作，效率要高一些。在充分积累教育界已有科学传播专业建设经验的基础上，可以很快在硕博层次上加速拓展。目前，国内高等院校有必要进一步明晰科学传播专业学位的定位，厘清科学传播中的"科学"与"传播"之间的主次关系，培养既具有科学知识与人文社会知识背景、又具有传播思维与传媒实践能力的复合型人才。现阶段,一些高校的新闻传播类专业同质化现象较为严重,若学科资源齐备、条件合适,可以考虑转向科学传播类专业,这也有助于在国家层面优化新闻传播学的专业布局。

第五,在团队建设上,要打造强有力的科学传播教学科研队伍。在高等教育系统中,教师和学者是先决性的条件。没有好的师资队伍,就不可能开展专业建设,不可能培养学生,更不可能做好学术研究。通过学科融合途径,建立起强有力的科学传播师资和学者团队,是开展科学传播专业建设的关键所在。当下,新闻传播学科"内卷化"程度较高,这同样体现在队伍建设方面。许多新闻传播学科的教师和学者,其教育教学和学术研究的内容较为雷同。转向开展科学传播领域的教育和研究,有助于打破新闻传播学科"内卷化"的状态。建设强有力的师资队伍,还要注重科学传播领域的教育和学术共同体建设。可以通过建设学术论坛、学术组织、教育联盟、专业联席会议、学术发表阵地等方法,推动科学传播专业在更大范围内持续性发展。在机制建设上,可以通过完善政策引导、增大经费支持、加强激励考核等措施,调动研究团队的积极性。

第六,在课程设置上,要根据培养层次要求在理论和实践教学中取得平衡。关于科学传播专业的课程设置,国外学者一直就是否存在核心课程结构、理论引导还是技能引导、课程与就业、课程有效性评估等问题,存在讨论和争议[10]。上文述及,科学传播专业具有跨学科特性,人才培养要兼顾四个方面:科学知识、社会科学、传播学和教育学。在不同培养层次,课程重点应有所区别。在本科阶段,要注重以掌握基础知识和培养实践能力为主[3];在硕士阶段,要更注重掌握行业前沿和方法训练;在博士阶段,要强调理论思维。实证研究发现,在科学传播教育的本科阶段,要进一步加强对传播技能的训练培养[11],特别要注重培养学生如下方面的传播技能:确定目标受众、使用合适的传播方法、对传播情景的把握、传播内容生产、促进公众参与等方面[12]。以本科课程设计为例,在科学知识课程方面,要关注自然科学基本知识、生命科学、环境科学、农业科学等课程;在社会科学知识课程方面,要包括哲学、伦理学、法学、经济学、政策研究等课程;在教育学课程方面,需包括心理学、教育学、社会学等课程;在传播学课程方面,要涉及融合新闻生产、科学新闻报道、科学与媒体、研究方法、科学写作、视频制作、传播理论、科学演讲等课程。

第七,在学术研究上,要提高科学传播研究成果的质量和影响力。在高等教育体系中,教学与科研密不可分。学术研究工作的顺利开展,能积累丰富的成果,有助于培养高水平的学生;学生加入到学术研究项目和团队中,也能促进科学研究。首先,要围绕重大科学传播问题,打造科研平台。清华大学建设了科学传播与普及研究中心,北京大学成立有科学传播中心,中国科学院拥有科学传播研究中心,中国科学技术大学设置有科学传播研究与发展中心。这有助于集聚优秀的科学传播人才，打造高水平团队。其次，要聚焦科技前沿，强化理论型和应用型科研。《“十四五”国家科学技术普及发展规划》强调，要“深刻把握新时代科普工作的本质和发展需求，加强科普领域的理论和实践战略研究，构建新时代的科普理论体系”。这就需要面向国家重要关切，发挥调动科学传播研究人员的积极性和主动性。最后，要创新产学研融合模式，提高科学传播学术成果的水平和影响力。通过经费支持、项目支持、平台建构、实验室建设、产教融合等方式，促进产学研融合，培育高水平学术成果。要注意提升科学传播研究成果在学术界、政策界和社会各界的能见度和影响力，特别是提升中国科学界在全球舞台的话语权，这需要在科学传播研究上持续努力。

5 结　语

科学传播高等教育对一个国家的科学和社会发展至关重要。科学传播人才的培养是科学传播事业得以持续发展的重要保障。在社会层面，科学传播的目标在于实质性地提升公众的科学素养，促进公众的科学探索[13]。今日的中国，正在大力推进科技强国、教育强国和人才强国，国家和社会诸领域需要更多的科学传播人才。展望未来，科学传播专业的建设发展拥有非常广阔的前景。发展科学传播专业，一方面要有国际视野，充分借鉴国外有益的经验和方法，为我所用；另一方面，需要以新文科建设为理念，以深厚的文化积淀为基础，秉承发展中国特色哲学社会科学为宗旨，体现中国特色，彰显中国精神，服务于中国式现代化发展。

参考文献

［1］ 科技部，中央宣传部，中国科协.“十四五”国家科学技术普及发展规划［EB/OL］.(2022-08-04)［2023-08-23］. https://www.most.gov.cn/xxgk/xinxifenlei/fdzdgknr/fgzc/gfxwj/gfxwj2022/202208/t20220816_181896.html.

［2］ 习近平. 为建设世界科技强国而奋斗：在全国科技创新大会、两院院士大会、中国科协第九次全国代表大会上的讲话［M］. 北京：人民出版社，2016.

［3］ 牛桂芹，李焱. 国外高校科学传播人才培养的典型经验及对我国的启示［J］. 科普研究，2021，16(6)：32-41，96，113.

［4］ 袁梦飞，周建中. 我国高层次科普人才培养的现状与建议［J］. 中国科学院院刊，2019，34(12)：1431-1439.

［5］ 段禹，崔延强. 新文科建设的理论内涵与实践路向［J］. 云南师范大学学报(哲学社会

科学版),2020,52(2):149-156.

[6] 薛勇.从简单从属到高度契合:高校文科人才培养模式的逻辑转换[J].江苏高教,2017 (10):80-82,95.

[7] 金兼斌.科学传播:争议性科技的社会认知及其改变[M].北京:清华大学出版社,2018:27.

[8] Baram-Tsabari A, Osborne J. Bridging science education and science communication research[J]. Journal of Research in Science Teaching, 2015, 52(2): 135-144.

[9] 杨俊朋. 美、英、澳大学科学传播教育发展现状及其对中国的启示[D].合肥:中国科学技术大学,2009.

[10] 吴忠群,孙红霞. 中外高校科学传播人才培养比较研究[J]. 科技传播,2016 (23): 47-50.

[11] Mercer-Mapstone L, Kuchel L. Teaching scientists to communicate: Evidence-based assessment for undergraduate science education[J]. International Journal of Science Education, 2015, 37(10): 1613-1638.

[12] Mercer-Mapstone L, Kuchel L. Core skills for effective science communication: A teaching resource for undergraduate science education[J]. International Journal of Science Education: Part B, 2017, 7(2): 181-201.

[13] Dijk E M. Portraying real science in science communication[J]. Science Education, 2011, 95(6): 1086-1100.

Opportunities and Ways on the Construction of Science Communication Major in the New Liberal Arts Background

Zhang Mingxin, Yuan Xiangling

School of Journalism and Information Communication,

Huazhong University of Science and Technology, Wuhan 430074

Abstract Science communication is closely related to the progress of science and technology and the sustainable economic development of a country, and closely connected with citizens' scientific literacy and scientific spirit. There are still great potentials for improvement in the construction of science communication, not only in the number of majors and academic sites, but also in the scale and level of talent cultivation. The construction of new liberal arts provides new ideas and new force for the development of science communication specialty. In the context of the construction of new liberal arts, the development of the science communication profession faces new opportunities. This paper proposes that the current major construction of science communication needs to be think about and implement feasible paths from the aspects of discipline setting, construction thinking, training ideas, professional layout, team building and academic research.

Key words science communication; construction of new liberal arts; construction of specialty; talent cultivation

作者简介

张明新，男，湖北宜昌人，博士，华中科技大学新闻与信息传播学院教授、院长，研究方向：新媒体传播、政治传播与国家传播战略、健康与科学传播。

袁向玲，女，湖南株洲人，华中科技大学新闻与信息传播学院在读博士研究生，研究方向：健康与科学传播、新媒体传播。

基金项目

本文系教育部首批新文科研究与改革实践项目“基于多学科融合的卓越新闻传播人才培养体系创新改革研究”的阶段性成果。

前沿科技成果短视频的创作策略研究：以“九章二号”量子计算机原型机短视频创作与传播为例

梁　琰[1)2)3)]　李雅彤[1)]　孙大平[1)]

1）中国科学技术大学科技传播系，合肥　230026

2）中国科学技术大学艺术与科学研究中心，合肥　230026

3）中国科学院科学传播研究中心，合肥　230026

摘　要　前沿科学知识及科技成果的普及与科技创新的地位同等重要，短视频则在面向公众的前沿科学普及中发挥着重要的作用。本研究以“九章二号”量子计算原型机短视频的创作与传播实践作为个案深入分析，以期为我国前沿科技成果的大众传播实践提供新的思路。本文从视觉、文字、听觉三个传达要素对作品的设计思路与策略进行逐条分析研究，一方面阐释了该视频在不同版本中进行差异化设计背后的深层原因，另一方面结合视频的弹幕内容，评估传达不同的要素在受众层面产生的差异化体验。在此基础上，提出了三点前沿科技成果短视频类作品创作建议：重视视觉要素的呈现效果，提升视频中文字要素的可读性，巧妙运用听觉要素的叙事能力。

关键词　前沿科技成果；量子计算机；短视频；科学传播

1 引　　言

21 世纪是中国科技高速发展的关键时期，“十三五”以来中国科技创新全球排名从 2015 年第 29 位跃升至 2021 年第 12 位[1]。前沿科学有着引领未来科技进步方向的作用，其相关成果的传播对当代社会发展的重要性日益凸显，然而公众对于前沿科技发展的认知与科技的高速发展脱节,并且公众缺乏了解前沿科技的动力,这是我国公众理解科学领域普遍存在的问题。2021 年,在国务院印发的《全民科学素质行动规划纲要(2021—2035 年)》中明确指出:“没有全民科学素质普遍提高,就难以建立起宏大的高素质创新大军,难以实现科技成果快速转化。”[2]2022 年 8 月,科技部、中央宣传部和中国科协联合发布的《“十四五”国家科学技术普及发展规划》中也强调了“要聚焦科技前沿开展针对性科普,针对新技术新知识开展前瞻性科普,促进公众理解和认同,推动技术研发与应用”[3]。加强公众对科学技术的关注与理解对于科技成果的转化至为关键,提升公众对于我国前沿科技成果的关注与理解是当务之急。

2　前沿科学可视化的传播价值

感觉器官是一切信息向人传播的通道,其中 85%以上的信息来源于视觉,大脑中与视觉相关的神经元占比多达 50%[4]。前沿科学的可视化传播,以视觉媒介作为主要的信息传递方式,通过各类视觉载体,使科学内容的呈现变得更为清晰直观。事实上,使用可视化的形式来记录与展现人类对于世界的探索与发现具有悠久的历史,最典型的就是博物学领域的图像传播。博物学插画就是博物学家们在探索自然的过程中将所获得的科学知识以视觉化的形式展现出来的作品,同时兼具科学性与艺术性,其科学性保证了它在自然科学研究过程中的重要地位,而其具有的艺术性更加有利于博物学知识的普及以及研究成果的传播,更好地推动文化交流和科学信息的交流[5]。麻省理工学院的常驻艺术家、研究科学家 Felice Frankel[6]认为,她为科学实验室拍摄的那些精美的、富有视觉冲击力的照片不仅能向实验室里或专业领域内的其他科学家传达重要的科研信息,还能将这些信息传达给更广泛的、非科学领域的公众;生物学家 David S. Goodsell 擅长采用鲜艳的水彩画来描绘他所研究的细胞与分子结构,他将这种可视化的手段视作自己的研究工具之一,并认为这种工具“在本质上扩展了我们眼睛的视觉能力,我们必须将其与我们在研究中使用的其他任何材料和方法一视同仁”。[7]

在实践层面,科技成果的可视化传播也已然成为公众理解科学的一种重要形式,比较典型的就是使用短视频媒体。如国际顶级科学学术期刊 *Nature* 设有专门的视频频道 *Nature Video*,以动画短视频的方式展现发表在期刊上的科学成果及实验过程,并涵盖了动漫、CG 短片、微纪录片等多种创作形式,在 YouTube 平台拥有近百万粉丝,对于科研成果的广泛传播影响重大;知名出版公司 Cell Press、Dove Press、Elsevier 等均鼓励作者为其发布的科学论文提供短视频摘要(Vedio Abstract)并给予制作指导,以帮助科研人员更加便捷地展示自己的工作内容与研究发现。

目前,学术界在该领域的研究更关注科技期刊封面的视觉表达特征[8-9]和艺术造型特征研究[10]、可视化手段在科学展览中的应用与设计策略[11]以及各类科学可视化产品与技术在教育领域中的应用研究[12-13],而较少从短视频传达要素的视角研究科技成果可视化短视频的一般创作思路与策略。本研究将以前沿科技成果“九章二号”量子计算原型机的短视频创作与传播为例,对两个不同版本的传达要素设计思路进行深入阐述,并对比其在受众层面带来的差异化体验,在此基础上对我国前沿科技成果短视频作品的创作实践提出建议。

3 传达要素划分与案例选择

3.1 前沿科技成果短视频的传达要素

短视频属于影视内容的一种类型,其美学构成与思想感情的传达仍以传统的视听语言为基本元素[14],由此引发观看者对于内容的理解、欣赏与共鸣等反应。人们通过电影屏幕、手机电脑电视屏幕获取信息和资讯的行为,都是在进行着一种基于画面和声音的综合审美活动[14]。同时,在前人对于短视频传播效果的实证研究中,标题信息、字幕使用情况等文字要素也往往成为研究者关注的对象[15-16]。基于此,本文将短视频的传达要素分为视觉、文字和听觉三个维度,每种要素都在信息传递的过程中发挥着自己独特的功能,其运用的和谐与否则决定了视频的整体质量与观感。其中,视觉要素通过提供直观感知致力于降低受众接受门槛,同时提升科技成果的展现效果;文字要素则主要起到降低观众认知负荷并提升信息传达效率的作用;听觉要素则能够增强视频的整体感染力,合适的配乐与音效也能唤起受众相应的情感反应并强化他们的态度与立场。以上三种主要的传达要素相互配合,决定了短视频最终为受众带来的观赏体验。

3.2 案例选择与介绍

本文以发布在 Bilibili 弹幕网的“九章二号”量子计算原型机短视频为例展开分析,该视频是以中国科学技术大学潘建伟教授研究团队研发的“九章二号”量子计算原型机为主题制作的宣传短片,在传播过程中衍生出了多个不同的版本。本文拟选取其中两个不同版本的视频进行比较，其中“版本 1”[①]由账号“美丽科学 BOS”发布，该版本即梁琰团队所制作的原始版本，累计播放量约为 30 万；版本 2[②] 由账号“新华社”发布，对原始版本的各传达要素进行了一系列的重编，累计播放量约为 280 万（播放量数据均截止至 2022 年 9 月 30 日）。

选取该视频的理由如下：首先，该视频以“量子计算机”这一前沿科技成果为展示对象，量子科技是近年来重要的新兴技术，该领域已然成为各国科技竞争的主赛道，如欧美等发达国家均非常重视量子技术相关概念在广泛的非科学受众中的传播；其次，通过对比不同版本的传达要素特征及其传播效果差异可以更好地对传达特征与策略进行分析；同时，该视频以社交媒体平台为传播渠道，其目标受众为无差别的广泛公众，因此其创作经验具有推广与借鉴的价值，且传播数据便于收集和验证分析。通过研究发现，不同版本的视频在视觉、文字、听觉三大传达要素的编排上呈现出了一定程度的异同，其原因可归结为制作者对于受众观影体验与信息传达目的的考量和决策。

4 “九章二号”短视频的传达策略分析

4.1 视觉要素：科学内容的转译与艺术化加工

在视频的视觉效果上，两个版本均采用了 CG（Computer Graphics，计算机图形）技术对“九章二号”量子计算原型机进行了全新的可视化呈现，以便对量子计算机这一设备进行直观展示，与用于科研论文以及传统新闻媒体的传播形式形成鲜明对比。视觉感受往往决定了观看者对视频的第一印象，对前沿科学内容进行视觉要素上的艺术化处理，有助于与观众建立情感的连接并提升对内容的接受度。加拿大麦吉尔大学健康中心研究所的学者 Cristian Zaelzer 曾构建了一种连接情感与科学的协作模型，他提出：单纯的学术交流只能在同行内部进行，这时术语（Jargon）所占的比重很大，而图形设计（Graphic Design）和美术（Fine Art）作为科学传播过程中的过滤器，图形设计减少了专业术语而提升了科学知识的可及性（Accessibility），美

---

① 版本 1：美丽科学 BOS. 好莱坞大片？不！这是中国科大“九章二号”量子计算原型机。https://www.bilibili.com/video/BV1cq4y1V77U/? spm_id_from = 333.337.search - card.all.click&vd_source = 312e9291e52c7275709bc9ef5eb2b76b

② 版本 2：新华社. 没错！亿亿亿倍！中国成功研制“九章二号”量子计算原型机。https://www.bilibili.com/video/BV1S3411r7RY/? spm_id_from = 333.337.search - card.all.click&vd_source = 312e9291e52c7275709bc9ef5eb2b76b

术则大幅度提升了传播中的情感性(Emotionality)。当科学知识最终到达公众面前时,几乎已经完全删除了专业术语和无关紧要的细节,但作为核心的科学自始至终都没有被影响[17]。

CG 技术常见于艺术创作或游戏制作领域,但在科学界也应用广泛。如科学家在推断一种新的分子结构理论时,往往要通过视觉思维辅助推断,这时 CG 动画成为辅助视觉思维的有力工具,将抽象的科学理论视觉化,将抽象的数学计算视觉化,也形成了一种 CG 动画的科学意象表达形式[18]。与科研团队在论文中使用的"九章二号"装置原型图(图 1)相比,短视频通过使用 CG 动画的形式(图 2),将科研成果的呈现方式从平面转向三维立体,配合高精度的材质与光影效果强化了"九章二号"的可视化质感。通过制造科技奇观画面不仅能将视频的视觉表现力拉伸到极致,而且在带给受众与众不同的审美体验的同时也满足了他们对于前沿科技的意向期待。

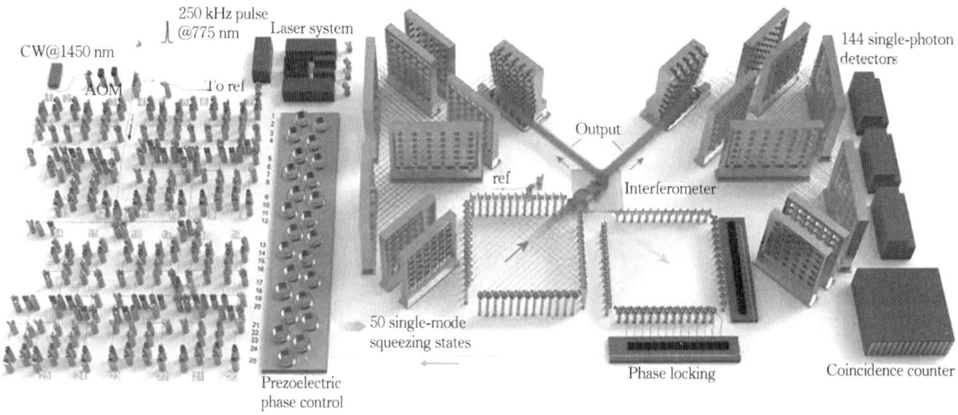

图 1 "九章二号"装置原型图

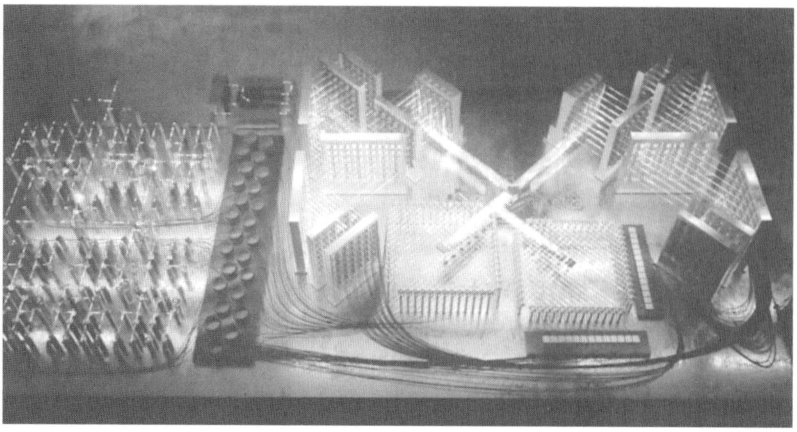

图 2 "九章二号"科学可视化短视频截图

同时，在新闻媒体对前沿科技成果进行宣传报道时，使用高仿真 CG 短视频也具有相对优势。由于零部件的数量多且连接方式繁琐，“九章二号”在实验室中的摆放占地面积大，使用摄像机直接拍摄的画面(图 3)往往难以将该装置全景式地呈现给观众并使他们对科技成果产生较为完整的认知；而 CG 动画可以在不影响科学原理的前提下，对零部件进行重新规整，展现设备的全貌，由此复现的“九章二号”在光效与材质渲染的加持下呈现出科幻电影般的视觉质感(图 4)，构建了兼具科学性与艺术性的视觉奇观。

图 3　可拓展的量子光源阵列(CCTV-13 拍摄画面)

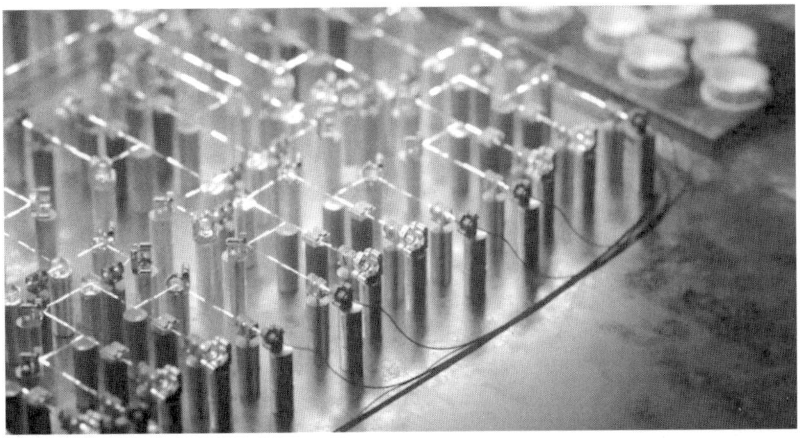

图 4　可拓展的量子光源阵列“九章二号”(CG 宣传片画面)

版本 2 为新华社官方账号在 B 站对于“九章二号”这一科技成果进行报道的唯一作品，B 站后台数据显示，截止至 2022 年 9 月 30 日，其累计播放量在新华社发布的 3000 多条视频中位于前 25%的位置。同时，非新华社粉丝的游客群体(即未关注新华社账号的用户)占了该视频观看流量的 78.2%，可以说明该视频在一定程度上有效地突破了原有的粉丝圈层而进入了更为广泛的公众的视野,使对科技成果的传播产生了“遍在效果”。可以看出,高质量的视觉呈现更利于媒体对科技成果进行宣传报道,从而获得公众的高度关注。

4.2　文字要素:主题的聚焦与传达

每个作品的总时长在1分钟以内,文字信息的占比较低。但文字编排上的区别,导致受众产生了差异化的观影反馈。

两者在文字要素上的设计差异主要有两处。差异之一是标题拟定上采用了不同的风格。版本1的视频标题为“好莱坞大片?不!这是中国科大“九章二号”量子计算原型机”,采用设问加对比的句式,将量子计算机与好莱坞大片进行比较,其重点落在了短视频的视觉呈现层面,因此更容易引导受众关注影片带来的视觉效果与冲击力;版本2的标题为“没错!亿亿亿倍!中国成功研制‘九章二号’量子计算原型机”,“亿亿亿倍”采用反复修辞格的手法,强调“九章二号”的与众不同之处,从而引发受众的点击兴趣,配合“中国”“成功研制”等字眼,拉近与观众的心理距离,便于引发他们的情感共鸣。相比之下,版本2的标题既点明了核心的新闻事件所在,又凸显了“九章二号”的独特之处,便于读者迅速抓住新闻主题。

差异之二是对视频字幕的编排不同。在版本1中,字幕内容的构成为量子计算机元部件的名称+工作原理阐释,科技专业术语含量较高。而版本2去除了原视频中的注释与说明,使用了更加鲜活(如“10的24次方”“亿亿亿倍”等)且重点突出(如“最快”“重要一步”等)的文字,强调“九章二号”量子计算原型机的问世是基于我国量子科技领域发展的突破性意义与价值。

通过使用Python编程语言分别爬取2021年10月26日至2022年9月30日两个版本的弹幕信息,其中版本1获得弹幕信息354条,版本2获得弹幕信息1196条,对弹幕文本进行清洗和分词处理之后计算出关键词词频,并形成词云图(图5和图6)。根据词云图可以清楚地看到,观看版本1的观众认为视频带来的科幻感较强,获得了较为震撼的视听体验,但同时“看不懂”一类的表述也大量出现。而观看版本2的观众关注的焦点更集中于“量子”“计算机”“九章”等视频所要展现的主题上。

认知心理学的观点认为,“人,是一个能够进行信息加工的系统,我们认知的过程,就是一个对信息进行加工的过程”[19]。有研究曾基于眼动实验指出了字幕对用户处理与加工视频画面信息会产生一定影响,字幕呈现增进理解的同时容易分散用户对画面的注意并加重认知负担……如果人们在加工信息的过程中所需要调配的资源大于个体所具备的认知资源总量,会导致较高的认知负荷[20]。由于版本2对于文字要素的优化大幅度降低了信息在传达过程中产生的熵值,因此达到了更易于受众认知与理解前沿科技成果重要性的效果。因此,若想更为高效地向观众传递信息,就需要把握观看者的认知习性,做到"对症下药",制作出符合目标受众认知水平的作品,这样才能产生最明显的传播效果。

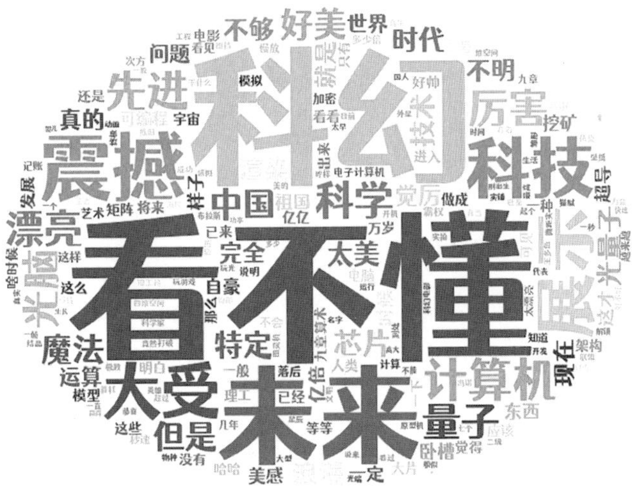

图 5　版本 1 弹幕词云图

图 6　版本 2 弹幕词云图

4.3　听觉要素:情感渲染与主旨升华

对于视频意义与情感的传达,听觉要素与其他传达要素同样重要。在"九章二号"的两个版本中听觉要素的设计大相径庭。在版本 1 中,为配合视频的 CG 质感和量子计算机的科技感,制作团队使用的是具有美剧风格的轻音乐,带有神秘与科幻感,以及好莱坞科幻大片风格。而版本 2 则在音效中添加了珠算声和算盘的敲击声,使其与“量子计算”这一主题暗相呼应。彼得·拉森认为(电影中的)音乐具有“叙事性修辞“的作用,音乐的使用往往与电影本身所要表达的主题相契合,有抒发情感的作用[21]。珠算作为我国重要的非物质文化遗产之一,也是我国古代著名的科学成就、公众耳熟能详的国粹。将该元素巧妙地融入“九章二号”的视频中,也能让人自然地联想到我国科技发展的起承转合;同时,新华社将背景音乐更换为《秦王破阵乐》,该曲最初为唐朝军歌,后经唐太宗李世民改编为大型乐舞,乐中使用了琵琶、古琴等多种弦乐模拟对战之势,曲调气势磅礴、铿锵有力,也有体现唐朝国力强盛之意,运用在此处也旨在暗喻“九章二号”对于国家科技实力进步的象征性意义。

通过统计版本 2 的弹幕词频数据(图 7)也可发现,“算盘”“破阵”等词语也是高频词,这体现出受众在观看过程中对于珠算音效和背景音乐《秦王破阵曲》的关注度高,听觉要素的设计在一定程度上影响了受众的观看体验。由于弦乐和珠算对于国内观众来说都是非常熟悉的文化母题,两者相结合很好地拉近了受众与视频内容之间的距离,在与视觉、文字要素的相互配合下,使得观看者能对“九章二号”在价值层面上产生更深刻的理解。

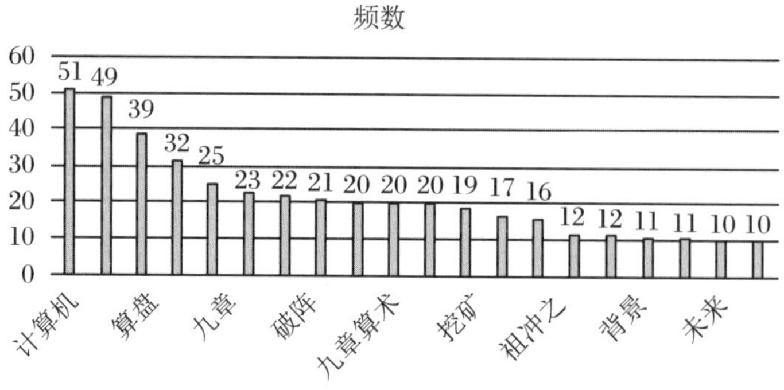

图 7 版本 2 弹幕词频图

5 我国前沿科技成果短视频的创作建议

5.1 重视视觉呈现质量,提升科技成果的传播效果

Lisa F. Smith 等人[22]研究发现,对于科学图片,科学家会更注重其科学性,而公众更关注图片的美学及产生的情绪反应。视觉感官不仅能够影响人对事物的第

一印象,使他们决定是否对科学内容进行进一步的深入了解和探索,并且在大众传播的层面上,视觉效果在一定程度上能够左右作品的传播边界。在前沿科技成果的视觉呈现实践上,目前国外的科技期刊已形成了成熟的配套体系,国内期刊也开始逐渐重视。例如,由中国科学院青年创新促进会和 Cell Press 合办的国内综合性英文期刊 *The Innovation* 与中央美术学院合作,由中央美术学院艺术家组成的专业美工团队负责期刊的封面和插图等方面的美术设计,为期刊和科研成果打造专属的短视频,有效地提升了科技成果在媒体上获得出色的宣传效果。因此对前沿科技成果进行视频化呈现时,应更加注重科学性与艺术性的结合,以实现更有效的科学传播。

5.2 提升文字要素可读性,有效传达视频主题

现有研究对于科技成果宣传类视频或科普视频中文字要素的创作策略关注较少,但有针对网络视频节目中字幕表现特征的研究认为,字幕作为语言文字符号,具有补充画面与有声语言信息的作用[23]。本研究认为解说词、字幕等文字要素的设计应仔细考量科技成果短视频的传播目标,从增强受众体验与理解的角度进行编排,在未来科技成果类视频的创作中,应提升对于该要素的重视程度。版本 1 的创作目的更侧重于表现科技成果的视觉质感,给予观众良好的视听体验,但在公众理解科学层面上欠缺了考量;而版本 2 则以展现科技成果的价值与意义为出发点,以增强公众理解为目的,重构文字的叙事逻辑,提升了文字要素的可读性和视频信息传递的有效性,使视频主题得到了更有效的传达。

5.3 巧用听觉叙事空间,强化观众情感认同

听觉是影视类作品的重要叙事要素,从好莱坞电影声音设计师的创作实践来看,声音不仅是影片意义的一部分,能够介入叙事、影响意义的产生,同时也能够创造意向,呈现出一种声音景观[24]。短视频虽然是以视觉为主的媒介形式,但已有研究及传播实践均证明听觉元素对于影视类作品表现力的重要意义。苏联著名导演 E. 吉甘曾说过:“与画面动作配合得适当的音乐,能够创造出独特的、有高度感染力和深刻思想含义的音乐视觉形象。”[25]前沿科技成果短视频的主题也需要靠包括听觉在内的各个传达要素来阐释,在对其进行设计时除了要配合视频内容与主旨,也要把握好受众的属性与心理,在此基础上构建由听觉要素组成的叙事空间。

6 不足与展望

前沿科技成果的传播在这个时代具有举足轻重的意义,视频类宣传作品的创作思路可以从本研究划分的三类传达要素入手,对作品进行编排与设计,以提升公众的民族认同感和科技自信心。

同时,"九章二号"短视频虽然具有观赏性高、传播力强、接受门槛低等显著优势,但限于展现形式和篇幅,对于量子计算知识方面的科普效果十分有限。两个版本的视频均有不少观看者发出了"我看不懂,但大受震撼"的弹幕内容,这虽为一种自我调侃性质的网络用语,但也在一定程度上反映出了前沿科技成果与广泛公众之间确实存在着天然的距离,想要切实提升公众了解科学的热情,还需要综合利用多种方式开展科学普及。以"九章二号"短视频为代表的作品可以作为激发公众对科技成果的兴趣与关注的"先导"类产品,发挥好展现科学之美的优势,但若想要切实起到提升公民科学素养的作用,仍需要和其他各类科普内容一起打好"组合拳"。

同时,本文的研究也存在一定的缺陷,由于发布不同版本视频的账号自身属性有较大差异,如粉丝数量差别较大、发布时间不同等因素均会影响平台对视频的推送,由此造成了播放量等数据的差异,无法在该方面进行有效的对比。因此在未来的研究中,还需要设计更为精确的量化指标,并从更多维度对该类作品的传播效果进行定量分析。

参考文献

[1] 袁于飞."十三五"时期高科技成果展现中国力量[N].光明日报,2021-11-02(8).

[2] 中国科学技术协会.全民科学素质行动规划纲要:2021—2035年[J].学会,2021(7):5-13.

[3] 中共中央宣传部,科技部,中国科协.关于印发《"十四五"国家科学技术普及发展规划》的通知[EB/OL].(2022-08-04)[2022-09-08]. http://www.gov.cn/zhengce/zhengceku/2022-08/16/content_5705580.htm.

[4] 王国燕,汤书昆.图说前沿科学成果的视觉传播[J].科学与社会,2013,3(3):44-56.

[5] 高雪.博物画的科学、艺术特征及其当代价值研究[D].济南:山东大学,2017.

[6] Frankel F. Envisioning Science: A Personal Perspective[J]. Science, 1998, 280

(5370):698-1700.

[7] Goodsell D S. Art as a Tool for Science[J]. Nature Structural & Molecular Biology, 2021(28):402-403.

[8] 王国燕,姚雨婷. 顶级科技期刊封面可视化及典型案例研究[J]. 出版科学, 2015, 23(2):46-50.

[9] 王国燕,沈佳斐. 国际期刊 *Cell* 特色封面故事的视觉表达研究[J]. 科技与出版,2017(6):59-63.

[10] 崔之进,姚鹏. 国际科技期刊封面图像错视理论研究[J]. 创意设计源,2020(3):16-21.

[11] 陈焱松,王之纲. 基于科学可视化的自然科学博物馆展示设计策略研究[J]. 中国博物馆,2022(1):113-118.

[12] 刘欢. 思维可视化在高中物理教学中的应用研究[D]. 重庆:西南大学,2021.

[13] 刘燕红,胡林. 基于数字技术的小学科学可视化实验教学策略[J]. 教育信息技术,2020(Z2):153-155.

[14] 盖晨飞. 非遗短视频视听审美特征研究[D]. 芜湖:安徽师范大学, 2021.

[15] 王妍. 科普互动视频信息传播效果影响因素的实证研究:以 B 站为例[J]. 科普研究,2022,17(3):26-37,106.

[16] 王铮. 提升自然科学博物馆抖音号传播力的路径探析:基于 11 个自然科学博物馆抖音号的实证研究[J]. 传媒观察,2021(5):54-59.

[17] Zaelzer C. The Value in Science-Art Partnerships for Science Education and Science Communication[J]. eNeuro, 2020, 7(4): 238-256.

[18] 刘言韬. CG 动画意象视觉表现特征与技术实现[J]. 电影艺术,2007(3):143-150.

[19] 马筱语. 认知心理学视域下的公益广告传播效果与制作策略研究[D]. 重庆:重庆大学, 2014.

[20] 喻国明,陈雪娇,修利超. 多模态视角下用户注意偏向与记忆的影响机制:基于电影字幕的眼动研究[J]. 西南民族大学学报(人文社会科学版),2021,42(6):169-177.

[21] 彼得·拉森. 电影音乐[M]. 聂新兰,王文斌, 译. 济南:山东画报出版社,2009:207.

[22] Lisa F. Smith. The Art and Practice of Statistics[M]. Cambridge: Wadsworth Publishing,2011.

[23] 李桃. 网络视频节目字幕的语言与表现特征[J]. 中国广播电视学刊,2016(8):67-69,122.

[24] 高翔. 早期电影声音设计师与声音设计理念[J]. 艺术科技,2018,31(11):88-89.

[25] 任帅. 音乐在影视剧中的作用与魅力[J]. 电视研究,2018(3):92-93.

Research on the Creation Strategy of Short Video of Frontier Scientific and Technological Achievements: Take "Jiuzhang 2.0" Quantum Computer as an Example

Liang Yan[1)2)3)], Li Yatong[1)], Sun Daping[1)]

1) Department of Communication of Science and Technology, University of Science and Technology of China, Hefei 230026

2) Art and Science Research Centre, University of Science and Technology of China, Hefei 230026

3) The Research Center for Scientific Communication of Chinese Academy of Sciences, Hefei 230026

Abstract Popularization of frontier scientific knowledge and scientific and technological achievements is as important as scientific and technological innovation. Short video plays an important role and value in the popularization of frontier science for the public. In order to provide new ideas for the mass communication practice of Chinese frontier scientific and technological achievements, this study takes the creation and dissemination practice of the "Jiuzhang 2.0" short video as an example to deeply analyze the video from the three elements of vision, text and hearing. On the one hand, the research compares the differentiated design of the communication elements of different versions of the video, and on the other hand, combines the bullet screens to evaluate the differentiated experience at the audience level generated by the different communication elements. On this basis, we propose that short videos of frontier scientific and technological achievements visualization should pay attention to the presentation effect of visual elements, improve the readability of text elements in videos, and skillfully use the narrative ability of auditory elements.

Key words frontier scientific and technological achievements; quantum computer; short videos; science communication

作者简介

梁琰,男,辽宁沈阳人,中国科学技术大学科技传播系副教授,中国科学技术大学艺术与科学研究中心常务副主任,中国科学院科学传播研究中心副主任。研究方向：科学传播、科学可视化、艺术与科学。E-mail：scivis@ustc.edu.cn。

李雅彤，女，上海人，硕士研究生。研究方向：科学传播、科学可视化。

孙大平，男，湖北孝感人，博士研究生。研究方向：科学传播与媒介管理。

基金项目

中国科学院“文献情报类优秀人才项目”（CX2110257001）。

科学家精神融入剧本杀：面向Z世代的科学游戏与思想教育融合路径

张文艺　张增一

中国科学院大学人文学院，北京　100049

摘　要：剧本杀是一种情景角色扮演游戏，也是Z世代喜闻乐见的社交形式。寓教于乐，寓学于趣，符合青少年科普教育的特点。基于传播游戏论，探讨科学家精神融入剧本杀在科普内容与形式上的合理性，科学家精神传播的主要途径是讲述科学家故事，故事可作为游戏的情景，设置角色和关卡。这是两者结合的核心点。结合相关科学家案例在剧本杀创作叙事和游戏机制方面提出以科学家为主体，围绕科学事件和科学家故事展开，把握好改编尺度，保证史料真实、游戏科学、情节合理，并根据共情和情动理论探讨科学家精神主题剧本杀的科普效果，为具体融入路径的实现提供理论支持。

关键词　剧本杀；科普教育；科学家精神；Z世代

1 引　言

近年来，“剧本杀”(script murder)凭借沉浸体验、场景社交和多人参与等优势成为青少年群体中热门的文娱方式。剧本杀的缘起，可以追溯到19世纪英国的“谋杀之谜”(mystery murder)[1]。后来经不断改良，发展成为一种沉浸式的实景角色扮演游戏(live action role playing games)，玩家在故事情境中扮演特定角色，寻找解谜密码，解锁游戏关卡，能够使得情绪和压力得以释放，达到“使用与满足”的效果。当下，剧本杀已经成为具有巨大经济效益的娱乐产业。相关数据显示，2019年中国剧本杀行业市场规模超过百亿元[2]。根据《中国青年报》的调查报道[3]，90.2%的受访者赞同剧本杀正在成为青少年的社交新形式，73.9%的受访者认为剧本杀有助于拓展年轻人的社交圈。欧美流行文化学者用X、Y、Z世代来区分第二次世界大战之后出生的不同年代人群，以便分析代际间的文化差异[4]。学界多用专有名词“Z世代（Generation Z）”来泛指1995年至2009年间出生、经历世纪之交的一代青年和少年，他们在互联网文化的浸润下长大，有着不同于其他年代群体的价值观念、生活态度和行为方式等[5]。因此，结合“Z世代特征”和“Z世代教育”等相关研究成果展开剧本杀科普探究，在科学传播的受众层面更加具有针对性。

剧本杀引入科普教育的立足点在于其可以承载文化资源，发挥教育功能。马梅和丁纪（2022）[6]认为，“剧本杀＋”方向上的全新探索，体现了其文化传播功能和变现能力。“剧本杀＋文旅”“剧本杀＋剧场”是近年来文化景区、影视景点与剧本杀产业紧密合作而产生的新文化消费形式，如：洛阳博物馆融入馆藏文物元素的剧本杀《洛阳东风及时来》[7]，颐和园实景剧本杀《晚清风云之颐和迷案》，上海影视乐园推出的90多本剧本杀等。这些成果通过社交平台营销推广，聚集热度，吸引了一大批Z世代的参与和喜爱。还有共青团广东省委员会联合“百变大侦探”APP推出的红色文化主题剧本杀《百年风华》，体现了将爱国主义教育融入剧本杀的具体路径[8]。综上，剧本杀与传媒行业、教育事业碰撞出了成功的“火花”，星星之火，可以燎原，这些可喜的文化现象让我们看到了“剧本杀”与科普事业“梦幻联动”，弘扬科学家精神的光明前景。

2 “科普剧本杀”发展现状及相关研究

当前市场已经出现了一些科普类“剧本杀”作品，如：国内首款流行病学调查主题剧本杀《手链》，内容主要是防疫和健康知识科普；还有一款名为《拯救宇航员》的剧本杀产品，其内容涉及组装卫星、火箭，破译电脑密码等科学实验尝试。此外，还有科幻类剧本杀，如改编自同名短篇小说的《提托诺斯之谜》。但在剧本杀市场中，科普类、科幻类都属于小众类型，一是剧本创作团队少有科研人员指导和参与，无法保证科普内容的真实性和准确性，为避免科学错误和偏差，涉足这一题材的剧本杀较少；二是科幻作品中常见的宏伟建筑、异星环境和异形生物很难只通过文字描述将其具象传达给玩家，玩家很难进入这类沉浸式体验环境；三是“大众点评”和“口碑”等市场用户调查软件的数据显示，绝大多数玩家对科普、科幻本兴趣较小，加之从众心理和追求“热本”等因素影响，他们在剧本选择时更偏向感情本、历史本等类型。

科学传播界也进行了一些与“剧本杀”形式相关的科普实践，丰富了公众参与科学活动的内容形式。2022 年,扬州市广陵区“全国科普日”中以“初识浩瀚太空,潜入地壳寻宝”为主题,进行了沉浸体验式活动设计,但是在具体实施方案中与剧本杀“玩法”仍有较大差距。安徽创新馆于 2022 年 5 月推出首场“科普剧本杀”,将科技展区布置为“案发现场”,引导青少年用刑侦方法实地“勘查”,进行指纹提取对比试验、泥土分析实验、模拟血迹和血型检测试验等,寻找破案线索,找出“盗窃犯”。该活动的内容主题明确,环节设计巧妙,是科学知识内容与剧本杀形式结合的佳作,取得了良好的科普效果。

当前科普剧本杀的发展现状可以概括为:市场鱼龙混杂,作品质量良莠不齐;传统科普界与剧本杀的合作初见起色,但仍未成熟。明确“科普剧本杀”的概念,有助于科普剧本杀从创作类型到营销分类等各个环节都遵循科普原则和要求。“科普剧本杀”的相关研究自 2022 年开始萌芽,其具体定义至今还没有形成共识。何少华(2022)[9]把承载科普知识的剧本杀统称为“科普剧本杀”,如以禁毒教育为主题,让青少年“在玩中学,在学中悟”。科普剧本杀作为科学普及的新渠道,其传播内容、效果在本质上应与传统科普之内容、效果相一致。李永威(2004)[10]综合国内外学者关于“科学普及”概念的阐释,认为科普的实质是提高公众科学素养,内容包括自然科学和人文社科知识。科普剧本杀可以承载任何与自然学科、社会学科和人文学科相关的知识和技能,当界定一个剧本杀作品是否属于科普类时,主要是看其能否达到提高玩家科学素养的效果。李敏(2010)[11]认为“科幻”是表现科学技术远景或科学技术发展对人类社会影响的作品总称,如果一个科幻剧本杀能使人思辨地看待科学技术,亦属于科普作品。

因此,如何利用好剧本杀这一载体,提高科普类剧本杀的科普效果及其社会和经济价值是一个值得深入探讨的问题。2020 年 9 月,习近平总书记在科学家座谈会上指出[12]:“科学成就离不开精神支撑。科学家精神是科技工作者在长期科学实践中积累的宝贵精神财富。”将科学家精神融入科普类剧本杀创作与推广,引入家国叙事,提升科普类剧本内容广度和深度,增强该类剧本杀在用户市场的核心竞争力;同时,在新时代中国的科学精神最集中体现为科学家精神[13],科学家精神相较于科学精神更具体也更贴近社会,创作一批承载科学家故事和精神的优质剧本杀,潜移默化地发挥榜样的力量,是切实提升 Z 世代科学素养的有效途径。

3 因何融入:育人导向和游戏传播的协调统一

3.1 育人导向:Z 世代传承科学家精神的时代要求

当下弘扬科学家精神的理论和实践反映了国际科学传播的发展趋势,体现了科普工作的时代要求。有关学者也进一步强调了科学家精神素材应用在满足公众科普需求和正确引导青少年方面的现实紧迫性[14]。2019年，《关于进一步弘扬科学家精神加强作风和学风建设的意见》提出，弘扬“胸怀祖国、服务人民的爱国精神，勇攀高峰、敢为人先的创新精神，追求真理、严谨治学的求实精神，淡泊名利、潜心研究的奉献精神，集智攻关、团结协作的协同精神，甘为人梯、奖掖后学的育人精神”[15]。骆郁廷和余晚霞(2021)[16]认为，将科学家精神融入大学生思想教育是立德树人、创新发展以及应对大国博弈的切实需要。在科教兴国战略下，Z世代是中国科研人才队伍的预备军，建构以科学家精神品质和行为规范为典范的价值共识至关重要[17]。科学家精神的正向价值引领作用在学界已经达成共识，在此基础上将科学家精神融入Z世代科普教育具有理论支撑和深远意义。

Z世代画像较生动地体现了当代青少年的群体面貌，其成长在互联网环境，接受网络和电子文化影响[4]，相较于其父辈，更熟悉各类新兴科技产品，拥有更广阔的信息获取渠道，也有着更为开放的思想体系、更有创意的行为成果以及更强烈的思辨和批判精神。《2020全球新闻传播新趋势》提出，2019年Z世代在社会运动中对媒介的“颠覆性创新”成为他们主导舆论话语权的开端，全球传媒业呈现出朝着Z世代转向的宏观趋势，随之而来的是一场结构性的变革[18]。有学者总结了Z世代群体呈现出的新思想特征：全新的婚姻观、颠覆传统规范、喜新厌旧、生活不规律、追求流行文化、寻求身份认同等[19]。可以看出，Z世代已经打破了传统的思想禁锢，有着标新立异的人生观、世界观和价值观。因此，科学家精神融入剧本杀路径需要围绕着Z世代的思想观念和媒介接受态度来进行构思。

李峥(2007)[20]在进行互联网背景下Z世代科普研究时发现：34%的中小学生受访者表示自己喜欢的介绍科学知识的方式是故事，29%是动画，17%是游戏。近年来，张琳和杨毅(2021)[21]又调查了Z世代的圈层文化消费兴趣和习惯，发现他们更倾向于选择游戏性强的文化消费品。“科普剧本杀”集故事性和游戏性为一体，是面向Z世代进行科普的有效载体。时代激荡下的科学家精神背后是一个个荡气回肠、充满人性光辉的动人故事，他们有红色年代隐姓埋名、无私奉献的老一辈科学家群体汇聚而成的两弹一星精神，有建设年代勇攀高峰、为国争光的载人航天精神……这些不仅是新时代科学精神的生动载体，更是民族精神的重要组成部分。将这些精神注入科普剧本杀，赋能科普教育，不仅在培养Z世代的坚强意志和优秀品格、发扬中华民族传统美德方面具有积极影响，更有利于帮助Z世代树立文化自觉和文化自信，加强民族认同和集体归属感。

互联网和全球化是双刃剑，Z世代正处于“三观”塑造的关键时期，很容易被良莠不齐的网络信息和资本主义鼓吹的商品拜物教所蒙蔽。诞生并流行于Z世代的

“饭圈文化”所带来的种种乱象显而易见——网络暴力、造谣传谣及过度崇拜、迷恋明星偶像导致的盲目消费[22]等,以至于已有学者开始呼吁“防止饭圈乱象侵蚀青年一代的价值观”[23]。但是,饭圈文化之所以受到Z世代的追捧,有其符合青少年心理和行为习惯的独特之处。青少年需要偶像引领,而偶像的形象面貌由大众媒体来塑造。传播学界研究“偶像”问题的传统由来已久,胡泳和刘纯懿(2021)[24]将“饭圈文化”比喻为“现实之境”,镜中浮现着媒介、技术、资本等不同方面的社会征候。符号拜物取代商品拜物,网络亚文化不断“出圈”,与主流文化碰撞交融,其文化圈层内的人性特点与精神需求进一步凸显。基于Z世代人群画像,利用好饭圈文化的传播优势,将科学家群体打造成Z世代心目中的正能量偶像,是值得探究的网络文化治理路径。而如何春风化雨般地将科学家精神融入科普教育,并在潜移默化间塑造青少年正确的“三观”是一项意义深远的时代课题。

3.2 游戏传播:贴近Z世代文娱习惯的科普方式

“剧本杀”本质上是一款解谜游戏,“杀”字表明剧本杀会基于与“凶手”相关的案件展开,玩家们肩负着参与讨论案件,获取线索,证明自身清白甚至栽赃嫁祸他人等任务,在游戏过程中玩家需要通过独立思考和逻辑推理找出凶手,解开谜团。游戏传播论[25]认为,人们的参与目的在于消遣娱乐,以便从成人化、社会化的工作环境中解放出来。喻国明(2018)[26]提出,技术革命导致了巨大传播盈余,游戏传播理论将成为过剩传播时代的主导范式。当下,游戏传播以“受众为本”[27],迎合了Z世代逐渐凸显的主体意识,正在成为最贴合Z世代身心需求的一种传播形式。贝特森[28]提出游戏传播实质就是在辨别传播者与受传者意图的前提下进行信息交换,剧本杀作为游戏传播的一种具象形式,可以承载丰富的信息、叙事、修辞等文本,并与知识性、科学性等教育内容相结合,达到良好的科普效果。周荣庭和方可人(2013)[29]提出科学普及与电子游戏融合,通过消弭冲突性和发挥亲和性来实现创意合成。朱莹和顾洁燕(2021)[30]考察了我国科普游戏产业的发展现状,但其科普游戏分类局限于电脑端和手机端,忽略了线下桌游。值得注意的是,剧本杀作为实体游戏之一,可以将玩家聚集于同一时空,其具身性、互动性、沉浸性和社交性都是电子游戏无法比拟的。

科普剧本杀在本质上属于一款科学游戏,科学游戏相关国际研究的侧重点在于其教育功能:“learning”“education”“students”“courses”等词在相关文献标题中高频出现,科学游戏的知识丰富、技能提升、科学意识增强和社会互动功能得到了学界认可[31]。在科学游戏效果方面,即使玩家在游戏中无法总结出具体的自然科学规律,他们也学到了探索知识的经验和能力[32]。例如:2022年十佳剧本杀[33]之一的《鸢尾花上露水的世界》中引入了专业的心理学游戏,剧本中含有大量文学艺术隐喻,引导着玩家探索个人内心世界;《白八书·电》剧本中展现了真实的抑郁症患者心路,引起Z世代对弱势群体的关注。这充分展现了剧本杀在教化育人方面的发展前景。科普剧本杀还有助于科学观念的塑造,将科学家精神融入剧本杀,玩家扮演"科学家"角色,"亲身"从事科研事业,极大地促进了其对科学职业的认知与理解。此前,米勒等人(2011)[34]认为在虚拟环境中赋予人新身份,通过体验培养自我概念,可以帮其更进一步了解"科学角色"。这一观点为科学家精神主题剧本杀的提出奠定了理论基础。

在将科学家精神融入游戏传播过程中,应注重科普剧本杀如何叙事与互动,科学家精神元素与剧本杀元素如何结合,通过具体路径来探究科学家精神主题剧本杀能达到怎样的科普效果,并研究科普剧本杀特有的媒介偏向如何对Z世代发挥作用,并影响当下科普环境。

4 何为融点:剧本叙事、游戏机制与情感传播

4.1 科普之内容:"剧本杀"题材与科学家主体叙事

题材与叙事是剧本杀的重要组成部分,玩家作为游戏主体,在不同题材的叙事中不断建构主人翁意识。本文通过"大众点评"应用软件,调研了网络市场口碑较好的剧本杀题材。结果显示,以历史题材、人物题材和情感题材为主的剧本杀受到市场68%消费者的欢迎和喜爱。历史本多以家国情怀立意,如《客从何处来》以中国近代战争为背景,描写了从1924年军阀割据到1943年的滇缅战争期间,中国军民奋勇抗争的传奇故事。人物本《外交官》以巴黎和会为背景,为玩家还原了重大历史场景。有位扮演中国外交官的玩家如此评价:"作为一名外交官坐在谈判桌上,面对列强的挑衅、拉拢和威逼利诱,我不断思考自己能否为国家和人民夺回属于我们千年的领土。"情感本《南屏晚钟》以钱塘江大桥为线索,建桥为国,炸桥也为国。玩家作为乱世中的儿女,有着自己的爱恨情仇,但又要根据时局作出不同的抉择。

斯科尔斯提出,叙事包括意义、人物、情节和视角四大要素[35],科学家事迹中有名人大家、故事情节、政治立场和教育意义,是科普剧本杀的绝佳叙事。科学家精神可以与历史、人物、情感叙事相结合,突出时代感、责任感和家国情怀。如周培源、钱学森等生于动乱年代的老一辈科学家,饱受战争与生活苦楚,他们自觉肩负起"为中华崛起而读书"的使命,学成归国,科学救国,谱写了一篇篇荡气回肠的家国史诗。赵新利和张蓉(2014)[36]认为,国家叙事对内凝聚共识,对外提升国际口碑。很多老一辈科学家在国际舞台上展现出中国人积极向上的精神面貌,如李政道在参加诺贝

尔奖授奖典礼时先后用中英文发表演说,并引用老子名言,传播中华文化。这类故事是对外讲好中国故事,帮助Z世代青少年树立正能量偶像,增强文化自觉和文化自信的宝贵财富。

在Z世代更感兴趣的情感叙事上,科学家们的爱情、家庭故事更能体现人性,激发玩家共情。如钱三强和何泽慧因为共同信仰和研究兴趣成为科研伉俪,携手组织领导中国的核武器研制,传为科学佳话。黄旭华为研制核潜艇隐姓埋名30年,舍小家顾大家,感人至深。这些有血有肉的故事,是鲜活的科普教育素材,如果能够融入剧本杀,面向Z世代进行场景传播,再结合2022年以来传播学界聚焦的"元宇宙"具身传播[37],充分还原老一辈科学家身处的历史环境。更多的科学家精神素材可参见《老科学家学术成长资料采集工程丛书》和相关科学家传记、口述史资料,基于此进行二次创作与文学演绎,以流行文化为骨骼,以科学家精神为血肉,创新面向Z世代的科普教育路径。石磊和刘婷(2021)[38]比较了"采集工程"和"百年追梦"两部科学家传记丛书的叙事特色,认为"采集工程"以史为纲,以老一辈科学家人生经历来反映社会历史;"百年追梦"以情动人,更能发挥精神传递和情感传播作用。

"活在当下,热爱当下"[39]是很多Z世代的人生态度。他们更愿意接受与自己接近的人和物,贴近当今时代的科学家精神更易引起其共鸣。我国优秀年轻科技工作者展现出崭新的精神面貌,是新时代正能量"偶像"。前文提到的《拯救宇航员》剧本杀就可以将载人航天精神融入其中,展现我国航天人自主创新、敢为人先、勇攀高峰的锐意进取精神[40]。2020年,习近平总书记指出:"中国北斗服务全球,造福人类。"北斗精神体现为自主创新、开放融合、万众一心、追求卓越的青年科学家精神[41]。在汶川地震、玉树地震和甘肃舟曲泥石流灾害等灾害中,中国科学院遥感地球所、成都山地所和心理所等20多家单位的科研人员群策群力,利用卫星和航空遥感监测、无线应急通信、搜救机器人、心理救助等成果为抗震救灾提供了重要的技术支撑和人才力量[42]。如果能将这些实践场景用剧本杀模拟和还原,辅之"元宇宙"技术,让玩家作为一名科学家亲临"受灾现场",他们将如何运用自己的知识与技能完成救灾任务?相信玩家在游戏过后,会对科学研究有着更深入的认识和理解,他们的科学素养也会在潜移默化的科普教育中逐渐提升。

4.2 科普之形式:科学家精神融入"剧本杀"的游戏机制

游戏研究是近年来传播学研究的热门领域。蒋晓丽和贾瑞琪认为,游戏与传播自古关系密切,麦克卢汉在《理解媒介》一书中提出:游戏是人类经验的翻译器或转化器,是人类心灵生活的戏剧性模式[43]。游戏作为社会中的传播媒介,亦是一种人的延伸。剧本杀游戏以玩家为核心,在用户为王、万物皆媒的当下展现出蓬勃发展的势头，成为新的人际传播风口。游戏是一个基于规则的系统，游戏机制是游戏核心部分的规则和流程，决定着游戏如何进行、何时发生何事、玩家约束条件和游戏结果。探讨剧本杀的游戏机制，可以为科学家精神融入科普游戏找到落脚点，为科普剧本杀设计提供更加具体、详尽的理论指导。剧本杀的游戏框架要依据剧本叙事来设计，贴合故事情节和人物特征。设计原则主要包括平衡性、探索性、趣味性、完整性、互动性和不确定性。下面将通过展现相关案例构思来探索科学家精神与游戏机制的交融之处。

第一个研究案例是以老一辈科学家精神为主题的科普剧本杀策划。将20世纪的国际争端作为时代背景，以国别划分阵营，以利益矛盾突出对抗性，使玩家代入科学家身份，在个人利益与国家利益之间作出抉择，并设计环环相扣的情节，根据玩家选择给出主人公人生和科研轨迹。如：以“紫石英号”引发的中英冲突为背景，将玩家角色分别设定为当时在英国的中国留学生及其同事、导师，通过设计不同利益者的冲突，激发玩家对未知的思考和对线索的深挖，并在情节和机关设计中让玩家感觉可玩和好玩，设置反转和变数，让玩家以好奇心理持续性沉浸于游戏中，激发玩家的感官刺激，让其真正实现感同身受。再如：以原子弹氢弹研制为背景故事，在产品总装后的一个深夜，装配厂房突然发出了一声清脆的“啪”的声音，怎么回事？剧本杀可以围绕解决这个“响声之谜”展开，让玩家扮演相关者角色，利用线索和道具的同时，调动自身所具备的物理知识共同解决科研疑难。

第二个研究案例是以新一代科学家精神为主题的科普剧本杀设计。“芯片之争”是近年来科技界的热门话题，其背后体现的是中美贸易战之下中外科技企业之间日益加剧的高精尖技术和人才竞争。2002年到2009年间，我国自主研发的“龙芯1号”“龙芯2B”“龙芯3A”相继问世，应用于北斗卫星、工业控制和国家安全等重要领域[44]。剧本杀以龙芯研发过程为抓手，围绕一个“卡脖子”的技术难题展开，通过剧本信息和线索，动手动脑来解决科学难题，既让玩家感受到了科研攻关的不易，又让其学到与前沿科技相关的新鲜知识。再如通过“元宇宙”技术，将玩家们带到人迹罕至的青藏高原，让他们来建设举世瞩目的青藏铁路工程。剧本以中国科学院寒旱所解决冻土路基融沉和有效保护多年冻土难题[45]为背景展开，让玩家们作为所内科研人员在游戏过程中进行“气候变化-冻土-工程-环境”的综合研究，测试其能否成功提出动态反馈理念和冷却路基、降低多年冻土温度的设计思路，是否能够解决“青藏铁路工程”这一关乎国计民生的重要课题。

4.3 科普之效果：对科学家精神的理解、共情与情动

“公众理解科学”观点认为，公众对科学的理解越多，就越支持科学，社会各团体

组织应积极促进公众理解科学[46]。科普剧本杀的目的是让玩家在游戏过程中增强对科学家精神的理解和对科学家的认同感,树立科学家在公众心中的正面形象,从而增强公众对科学界的信任。其游戏传播的本质特征更符合Z世代的兴趣特点,角色扮演、叙事引导和沉浸互动,更容易让玩家有代入感和现场感,代入科学家身份,了解国家科研战略布局,体会科研之路的艰辛与不易,感受取得成果的骄傲与自豪。百闻不如一见,科普剧本杀通过搭设科研场景、历史场景等方式,在沉浸式体验过程中,潜移默化地影响着公众对科学家及科学共同体的认知和理解,打破公众对科学家的刻板印象,提高公众对我国科研事业的支持度和科研成果的接受度。

笛卡儿提出,人是心灵、思维、精神和理智的存在[47]。科学家精神是科学家一生事迹的高度浓缩,是其科研成就、高尚品质和家国情怀的生动载体。利用剧本杀形式弘扬科学家精神,要以促进Z世代理解为基础,以沉浸式参与为过程,发挥剧本杀游戏传播的仪式作用。传播的仪式观理论[48]认为,传播的主体都是平等的参与者,大家共同体验和建构仪式,传播的功能在于促进参与者深层的文化理念、意识形态方面的变化。互动仪式链理论[49]则主张人际互动参与者在情感驱动下生产出共享的仪式团结,将凸显互动性的剧本杀科普作为一种传播仪式来看待,关注游戏启动和运行互动的隐在动力学,探索仪式性传播的内在聚集机制,重视科普和教育效果产出,充分发挥科学家精神对于Z世代青少年科学思想引领和爱国主义教育的重要意义。

传播互动仪式链的核心是情感联结,因此本文提出以“共情”为实现路径,让科学家精神内化于Z世代心间。共情理论最早由心理学界提出,后被引入传播学研究。“共情”指的是某人能够理解他人的独特经历,自然而然地感同身受,有意识地进行换位思考,并对此做出反应。而沟通可以提高共情力,改善“对空言说”的传播困境[50]。霍夫曼提出了“移情”的两种方式[51]:一是主体对他者的内心状态的认知觉知,二是对他者替代性的情感反应。剧本杀的角色扮演可以让玩家通过心理和行为代入感受科学家精神思想,通过玩家之间的交流与合作,共同探讨影响科学家在重大科研项目的行为表现和个人与国家之间的利益抉择背后的深层因素,实现无形之形的教育效果。

科学家精神相比于科学精神,更加具体可感,也可以更好地发挥榜样作用。而要让科学家精神外显于Z世代的言行举止,则要充分发挥“情动”作用。汪民安提出,情感因为际遇,因为同各种各样的对象发生感触而变化,这种变化谓之“情动”,是存在之力或行动之能力的连续流变。人是一个情感存在,这个情感既有活动之力,也有思想之力,而情感所驱动的行为是人的本质[52]。情动力可以催生Z世代的实践行为,据调查,绝大多数Z世代的物质世界极大丰富,但精神世界较为贫瘠。很多高校学生反映自己在学习和科研过程中陷入迷茫、找不到前进的方向，或是由于沉迷网络游戏、网络直播、网络购物和短视频等娱乐消费因素而无法安心学习和科研。将科学家精神融入剧本杀来感染、教化Z世代，有助于他们走出迷茫，树立坚定信念和远大理想。

5　如何融入：科学家精神主题“剧本杀”的科普路径

5.1　基于科学家正面形象的主体叙事

科学家形象关系着公众理解科学、参与科学。有些科技工作者的负面形象，可能会使得青少年否定和排斥科学技术职业，在一定程度上削弱国家科技发展潜力[53]。Z世代对科学家形象的认知多来源于科幻片、影视剧和新闻报道，科幻片中的“科学怪人”、韩国电影《举报者》中道貌岸然的科学家给Z世代带来不可调和的认知冲突。米德和梅特劳克斯(1957)发现：高中生眼中的科学家形象多是带着眼镜、穿着白大褂在实验室工作的中老年人[54]。针对目前青少年在对科学家形象认知方面存在的刻板印象，可以通过提供科学家榜样角色和职业信息来干预[55]。在剧本杀人物设定上，基本信息包括科学家姓名、性别、年龄、外貌、生平、所学专业和研究方向等；成长信息包括性格、三观、爱情、经历和社会环境等。如周培源(1902－1993)，男，外貌端正，气质儒雅。1924年在清华毕业后赴美攻读硕士、博士学位，后前往欧洲跟随海森堡和泡利从事相对论研究后选择回国。在抗日战争爆发之后，他毅然将研究转向了应用价值较大的流体力学难题湍流理论。他认为“相对论不能直接为抗战服务，作为一名科学家必须以科学救国”。如此勾勒，便使老一辈科学家形象跃然纸上，让玩家快速进入角色，体验角色。

Z世代眼中还存在对科学家的刻板印象和性别成见，科学家被普遍认为是男性[56]。基于霸权男性气质理论和女性主义视角进行剧本杀主题创作，有利于改变Z世代对科学家的刻板印象，消解其认知偏见。近现代以来，很多女性科学家荡气回肠的人生故事都值得重视和弘扬，如：何泽慧打破德国弹道学不接收外国学生的规则，发现四分裂；林兰英走在世界前列，做从熔体中生长砷化镓单晶的实验先行者；谢希德创立复旦美国研究中心，在推动中美关系发展方面展现出柔软而坚韧的女性力量。这些女科学家精神更具独特性，丰富了科普剧本杀的题材和叙事视角，更容易引发女性玩家的情感共鸣，契合了Z世代的性别平等与男女平权意识。性别议题也是科学游戏的国际研究重点[31]，把女性科学家叙事引入剧本杀，有助于吸引更多女性加入科学领域。

5.2 基于科学家人文情怀的情感渲染

目前,国内对于科学家人文情怀的研究不断萌芽,处于起步和发展阶段,但却是一个不可忽视的新纬度。人文主义和人文精神主张以人为本,关注人的权利、价值和意义。相对于科学主义,人文主义突出价值理性,重视精神追求[57]。Z世代追求自由、民主、平等和人权,具有不惧权威、否定一切的反叛精神。探究科学家的人文精神,更容易讲好科学家故事,实现科学家个人与社会的协调统一。有学者认为,科学家的人文情怀是一种人生境界选择,体现在治学、参与公共事务和哲人气质方面[58]。科学精神和人文精神是科学家精神的两大属性[59],前者求真,是促进生产力发展的重要力量;后者求善,是引导社会价值的灵丹妙药。弘扬科学精神有两种思路[60]:一是提倡科学的优越性,二是将科学与人文相统一。

在剧本创作中,拒绝将科学家神化,将科学家归于人海,更能凸显科学家身上的人性光辉。如:在搭建科学家人物形象时,从细微之处入手,突出人的"可爱",与其宏大的官方形象相比,更容易让玩家有亲近感。如借学生之口描述黄祖洽:"大家都亲切地叫他'黄爷爷',记得'黄爷爷'步履蹒跚地走上讲台,记得那慈祥温暖的笑容,记得课堂上津津乐道王国维之三境界。"很多老一辈科学家不仅在科研方面成就斐然,还兼有文学造诣和生活情趣。将这种复杂感、反差感引入剧本创作和人物设计,会让玩家更全面、客观地理解科学家精神,意识到伟大的科学家在生活中也是平凡的普通人,是现实中的榜样。

5.3 基于"公众参与科学"的设计理念

"公众参与科学"理念[61]认为,公众要成为科学对话的真正参与者,改变知识缺失状态,拥有相应的科学素养,做一名合格的科学事务参与者与话题讨论者。世界各国政府和相关团体组织也为公众参与科学进行了一些探索性实践,如共识会议。公众、专家和媒体等多方参与,围绕某个涉及公众利益的科学争议事件展开民主讨论,形成共识,并向社会公开。剧本杀的桌游性质为模拟"共识会议"提供了得天独厚的条件,通过剧本杀产业与科学界的跨界合作,设置具有现实性、前沿性或与公众利益、国家利益、社会发展密切相关的科学议题,邀请青年科学家和Z世代进行"圆桌讨论",面对面地感受科学精神和科学家精神。同时,邀请媒体创意团队,策划科学真人秀等综艺节目,进一步扩大科普剧本杀的大众影响力。这些契合Z世代趣味的科普形式有利于消解他们对科学事件的误读和对科学家的偏见,并以电视、网络节目的形式影响家庭对科学界的认知和理解,在社会公众层面进行更为广泛的科学传播。

科普剧本杀创作也可以围绕科学家的科研攻坚过程展开，通过让玩家参与“模拟科研”来参与科学、理解科学。如：1950年春，洪朝生在进行半导体锗单晶低温输运现象实验研究时发现了令人兴奋的反常现象，即低温下霍尔系数出现极大值，同时电阻率趋向饱和。以发现和揭秘“神秘的洪朝生现象”为主题进行科普剧本杀设计，与剧本杀的解谜主旨和互动特征相匹配。整体来看，在融入过程中也需要注意科学家精神与剧本杀内容与玩法的契合性，防止生搬硬套。根据Z世代特点和科普教育经验，可以提出以下建议：一是巧设场景，巧用案例，讲好故事，注重趣味性与理论性的有机结合；二是注重科学家精神元素的时代感，形成对玩家们的情感触动和持续影响力，让科学典范人物成为Z世代的人生偶像。

6 总结与思考

总的来说，科普剧本杀要以人为本，以科学家为主体，围绕科学事件和科学家故事展开，在保证历史真实、游戏机关设计科学性和合理性的同时，在剧本的历史、文学叙事上注重对科学家人文情怀的情感渲染，引发玩家共鸣，发挥价值引领作用。剧本杀科普从玩家参与模拟科学决策和科研过程开展游戏设计，以理解科学家精神为目的，发挥剧本杀互动仪式链的情感链接作用，让玩家产生“共情”和“情动”。建议科普工作者与剧本杀创作者深入合作，共同探究科学家精神融入剧本杀的具体实现路径，充分发挥科普剧本杀作为实体传播媒介的作用，注重科学家精神人文性和科学性的统一，让Z世代在游戏传播实践中感悟、学习科学家精神，让当代青少年能够做到与救亡图存时代爱国奉献的老科学家同频共振，与当今新时代勇攀高峰的青年科学家齐头并进，作为祖国的未来，真正承担起中华民族伟大复兴的重任。

参考文献

[1] 燕道成，刘世博. 青年文化视域下“剧本杀”的兴起与发展趋势[J]. 当代青年研究，2021(6)：64-70，114.

[2] 艾媒咨询. 2021年中国剧本杀行业用户研究分析报告[J]. 国际品牌观察，2021(35)：66-68.

[3] 孙山，陈文琪. 九成受访者认为线下游戏会成为年轻人社交新方式[N]. 中国青年报，2021-07-22(10).

[4] 王水雄. 中国“Z世代”青年群体观察[J]. 人民论坛，2021，716(25)：24-27.

[5] 敖成兵. Z世代消费理念的多元特质、现实成因及亚文化意义[J]. 中国青年研究，

2021(6):100-106.

[6] 马梅,丁纪.作为文化传播和消费的剧本杀游戏:基于玩家的考察[J].现代出版,2022(2):89-98.

[7] 戚帅华."博物馆+'剧本杀'":拥抱文化传播新业态[N].洛阳日报,2022-03-10(6).

[8] 史若锦,杨坤雨.基于"Z世代"行为习惯的红色主题剧本杀App设计研究[J].艺术市场,2022(4):108-110.

[9] 何少华.场景:科普融合出版的"融"点[J].出版广角,2022(7):43-47.

[10] 李永威.关于科普、科学和科学素养[J].清华大学学报(哲学社会科学版),2004(1):88-93.

[11] 李敏.对科幻的判定及其社会影响力分析[D].北京:中共中央党校,2010.

[12] 新华网.科学成就离不开精神支撑,习近平谈科学家精神[EB/OL].(2021-10-06)[2023-03-28]. http://www.xinhuanet.com/politics/leaders/2021-10/06/c_1127933428.htm.

[13] 潜伟.科学文化、科学精神与科学家精神[J].科学学研究,2019,37(1):1-2.

[14] 章梅芳,张馨予.以弘扬科学家精神为核心,大力发展科学普及[J].中国科技论坛,2022(2):8-10.

[15] 中共中央办公厅 国务院办公厅.关于进一步弘扬科学家精神加强作风和学风建设的意见[R/OL].中华人民共和国国务院公报,2019(18):20-24.

[16] 骆郁廷,余晚霞.科学家精神融入思想政治教育刍议[J].思想理论教育,2021(1):98-102.

[17] 孙炜,史玉民.秉志论"科学家之精神"及其现代价值[J].科学学研究,2020,38(10):1729-1734,1810.

[18] 史安斌,王沛楠.2020全球新闻传播新趋势:基于五大热点话题的访谈[J].新闻记者,2020(3):24-32.

[19] 不详.最新人群:"Z世代"的生存状态[J].中国青年研究,1999(3):31-32.

[20] 李峥.互联网与青少年科学传播[J].科普研究,2007,8(3):46-50.

[21] 张琳,杨毅.从"出圈"到"破圈":Z世代青年群体的圈层文化消费研究[J].理论月刊,2021(5):105-112.

[22] 马赫.明星偶像崇拜的失范与重构路径研究[D].长春:吉林大学,2020.

[23] 季为民.警惕"饭圈"乱象侵蚀青年一代价值观[J].人民论坛,2021(10):30-33.

[24] 胡泳,刘纯懿.现实之镜:饭圈文化背后的社会症候[J].新闻大学,2021(8):65-79,119.

[25] Stephenson W. The Play of Mass Communication[M]. New Jersey: Transaction, inc. New Brunswick, 1998.

[26] 喻国明,景琦.传播游戏理论:智能化媒体时代的主导性实践范式[J].社会科学战线,

2018(1):2,141-148.

[27] 蒋晓丽,贾瑞琪.游戏化:正在凸显的传播基因:以媒介演进的人性化趋势理论为视角[J].中国编辑,2017(8):8-13.

[28] George E M, Bateson G. The Legacy of a Scientist(Book Review)[J]. American Anthropologist,1984,98(10):21-29.

[29] 周荣庭,方可人.关于科普游戏的思考:探寻科学普及与电子游戏的融合[J].科普研究,2013,8(6):60-66.

[30] 朱莹,顾洁燕.国内科普游戏产业现状及发展策略研究[J].科普研究,2021,16(2):100-106,112.

[31] 徐竞然,张增一.科学游戏研究评述[J].科普研究,2021,16(1):56-64,98.

[32] 冯翔. 国外科普游戏的发展概况与趋势[C]//中国科普研究所.科技传播创新与科学文化发展:中国科普理论与实践探索:第十九届全国科普理论研讨会暨2012亚太地区科技传播国际论坛论文集.北京:科学普及出版社,2012:6.

[33] 黑桃子剧本杀测评.2022年十佳剧本杀:好的是真好,好的也真少 [EB/OL].(2023-01-20)[2023-03-28]. https://mp.weixin.qq.com/s/aJJskDQJiCVo8LW1g-vftQ.

[34] Miller L,Chang C,Wang S,et al. Learning and Motivational Impacts of a Multimedia Science Game[J]. Computers in Education,2011,57(1):1425-1433.

[35] 罗伯特·斯科尔斯,詹姆斯·费伦,罗伯特·凯洛格. 叙事的本质[M].于雷,译.南京:南京大学出版社, 2015:458.

[36] 赵新利,张蓉.国家叙事与中国形象的故事化传播策略[J].西安交通大学学报(社会科学版),2014,34(1):97-101.

[37] 张洪忠,斗维红,任吴炯.元宇宙:具身传播的场景想象[J].新闻界,2022 (1):76-84.

[38] 石磊,刘婷.科学家传记的叙事特色评述:以两本《彭士禄传》为例[J].科普创作评论,2021(4):21-29.

[39] 潘树琼.Z世代:伴网而生 活在当下[J].网络传播,2020(4):32-33.

[40] 马兴瑞.践行航天精神 不断创造奇迹[J].求是,2012(1):52-53.

[41] 本报评论员. 大力弘扬新时代北斗精神[N]. 人民日报,2020-08-01(3).

[42] 中国科学院.中国科学院改革开放四十年40项标志性科技成果:科技救灾[EB/OL].(2018-12-25)[2023-03-28]. https://www.cas.cn/zt/kjzt/40kjcg/gmjj/201812/t20181218_4674185.html.

[43] 马歇尔·麦克卢汉.理解媒介:论人的延伸(55周年增订本)[M].何道宽,译.南京:译林出版社,2019:315-328.

[44] 中国科学院.中国科学院改革开放四十年40项标志性科技成果:国产芯片与系统软件研发[EB/OL].(2018-12-25)[2023-03-28].https://www.cas.cn/zt/kjzt/40kjcg/gjxq/201812/t20181218_4674175.html.

[45] 中国科学院.中国科学院改革开放四十年40项标志性科技成果:青藏铁路工程冻土路基筑路技术与示范工程[EB/OL].(2018-12-25)[2023-03-28]. https://www.cas.cn/zt/kjzt/40kjcg/gjxq/201812/t20181218_4674169.html.

[46] 李正伟,刘兵.公众理解科学的理论研究:约翰·杜兰特的缺失模型[J].科学对社会的影响,2003(3):12-15.

[47] 笛卡儿.第一哲学沉思集[M].庞景仁,译.北京:商务印书馆,1998:26.

[48] 陈力丹.传播是信息的传递,还是一种仪式?:关于传播"传递观"与"仪式观"的讨论[J].国际新闻界,2008(8):44-49.

[49] 邓昕.被遮蔽的情感之维:兰德尔·柯林斯互动仪式链理论诠释[J].新闻界,2020(8):40-47,95.

[50] 吴飞.共情传播的理论基础与实践路径探索[J].新闻与传播研究,2019,26(5):59-76,127.

[51] Hoffman M. Empathy and Moral Development:Implications for Caring and Justice[M]. Cambridge: Cambridge University Press,2000:29-30.

[52] 汪民安.情动、物质与当代性[M].济南:山东人民出版社,2020:7.

[53] 张芳喜,张增一.科学家形象研究:现状与问题[J].自然辩证法研究,2014,30(10):70-75.

[54] Mead M, Metraux R. Image of the Scientist among High-School Students[J]. Science, New Series, 1957, 126(3270):384-390.

[55] 伍新春,季娇.科学家刻板印象:研究与启示[J].北京师范大学学报(社会科学版),2012(6):5-12.

[56] 詹琰,胡宇齐,郝君婷.科学家形象研究现状及发展动态分析[J].自然辩证法通讯,2014,36(5):93-100,127.

[57] 刘孝廷.科学家的人文情怀刍议[J].科普研究,2011,6(4):85-89.

[58] 张开逊.科学家的人文情怀[J].科技导报,2014,32(6):15-16.

[59] 余德刚,龚松柏,余周唱晚.论我国科学家精神的时代价值[J].毛泽东思想研究,2018,35(6):151-155.

[60] 吴国盛.科学与人文[J].中国社会科学,2001(4):4-15,203.

[61] 翟杰全.科技公共传播:知识普及、科学理解、公众参与[J].北京理工大学学报(社会科学版),2008,10(6):29-32,40.

Spirit of Scientists into Script Murder: The Integration of Scientific Games and Ideological Education for Generation Z

Zhang Wenyi, Zhang Zengyi

University of Chinese Academy of Sciences, Beijing 100049

Abstract Script Murder is not only a situational role-playing game, but also a social form that Generation Z loves. The main way to spread the scientist's spirit is to tell the scientist's story, which can be used as the scene of the game, with characters and levels. This is the core point of the combination of the two parts. It combines learning and entertainment, which is in line with the characteristics of popular science education for teenagers. Based on the communication game theory, this paper discusses the rationality of integrating the spirit of scientists into the script in the content and form of popular science. It makes suggestions on the creation of narrative and game mechanics based on relevant scientist cases, which are based on scientific events and stories of scientists. It emphasizes the importance of mastering the scale of change, ensuring the truth of historical materials, scientific games and reasonable plots. Moreover, this paper discusses the effect of science popularization of the script murder of the spiritual theme of scientists according to the theory of empathy and emotion, which provides theoretical support for the realization of the concrete integration path.

Key words script murder; education of popular science; scientist spirit; generation Z

作者简介

张文艺，山东聊城人，中国科学院大学硕士研究生，研究方向：科学传播，公众理解科学。E-mail：zhangwenyi21@mails.ucas.ac.cn。

通信作者简介

张增一，山东聊城人，中国科学院大学人文学院教授，研究方向：科学传播、科技与社会。E-mail：zhzy@ucas.ac.cn。

注册报告在学术期刊领域中的创新建设与启示

吴 悦 程 曦

苏州大学传媒学院,苏州 215123

摘 要 注册报告作为新兴的出版模式,近年来已在国外部分学术期刊开始应用,而在国内尚处于起步阶段。本研究通过分析注册报告的出版模式和发展状况,旨在揭示注册报告在开放科学领域的创新建设以及对国内学术期刊建设的启示。通过文献分析法,本研究系统阐述了注册报告的发展历史、基本概念、核心要素及其创新建设,同时也对其优势和劣势进行梳理,并以此展望国内学术期刊建设的发展前景。研究发现,注册报告在一定程度上克服了传统学术期刊中的结果偏见和出版偏见,应用的学科领域呈上升趋势。但是不同领域的科研机构或学术期刊对注册报告的出版流程设置存在一定差异,同时也存在标准化流程不完善、注册协议透明度不足以及适用范围受限等问题。研究建议国内学术期刊通过计算机提取元数据方式,重视评审在文章创作中的贡献等,提升期刊的开放报告建设。

关键词 注册报告;同行评议;学术期刊;开放科学

1 引 言

随着智能信息技术的发展与其商业模式的转变,学术期刊一直在寻求出版模式的变革。面对开放科学领域的期待和要求,学术期刊的同行评议也在借着“技术快车”朝着更快捷和更透明的方向努力[1]。随着人工智能技术的逐渐成熟,其在为学术发展提供技术辅助的同时,也带来了“深度伪造”的论文造假问题,对学术界倡导的“真实性、客观性”产生威胁[2]。除此之外,研究人员更倾向于关注新颖的研究发现,而期刊较长的同行评议过程无法满足科学家对新信息快速获取的渴望,进而将目光转至预印本平台,因而期刊也需要创新出版模式来面对预印本平台的冲击。但预印本平台缺少同行评议机制的短板,使得平台中流通着大量问题文章,容易造成后期研究的错误参考,引发"学术交流危机"[3]。在这样的发展背景下,注册报告应运而生。

注册报告是一种致力于提升学术研究的质量和再现性、降低发表偏见的新型出版形式。2013 年,第一份注册报告在意大利学术杂志 *Cortex* 开始应用并发表。这是注册报告发展历史中的里程碑式事件,从此其也开始逐渐深入到多个学术期刊中。在过去的十余年中,注册报告的应用场景从开始仅有的心理学方向逐渐扩展到政治、计算机、经济、医学、农学等多个学科中,说明注册报告这种新兴出版模式逐渐得到学术界研究人员的认可。目前已有超过 300 家期刊开展注册报告应用,其中也不乏顶级学术刊物,如 *Nature*, *Nature Human Behaviour*, *F*1000 *Research*, *BMC Medicine* 等[4]。这些期刊或将注册报告作为定期提交的选项,或是单一专刊的一部分来呈现,在学术界受到了极大的欢迎。

注册报告对开放科学的发展具有革命性的意义。早前有学者指出,开放科学的发展模式早已不仅聚焦于文献和科研信息的数字化,或资源的开放利用以及网络化的传播,而在知识创造阶段便已经展开[5]。基于开放科学发展的诉求,为了推动相关理念和实践,相关研究组织诞生。例如开放科学中心(Center for Open Science,以下简称 COS),其立足于保障科学研究的开放性、完整性和再现性的初衷而创建。COS 试图通过推动研究人员行为的文化和机制的改变,提高知识获取的效率,并以此推动科研资助机构与学术研究共建[6]。

目前,我国学术期刊注册报告的内容建设仍处于起步阶段[7],国内的注册报告研究相对较少,研究论文多数集中在注册报告的发表机制[8-9]、同行评议机制[10]、发展现状[11-12]以及核心价值[9]的阐述,学者更多地关注注册报告作为新出版形式带来的价值与其自身存在的优势,鲜少着重分析注册报告存在的缺陷,并以此来帮助该科研交流媒介更好地在国内学术界得到应用。从先前的调研情况看来,学者的背景知识、科研年限均会对其认知注册报告的水平产生影响[13],国内学者对于"注册报告"概念的认知普遍处于较低水平,因此该出版模式在我国学术领域仍有较大的发展空间。

注册报告作为新兴的出版模式,其存在一定的不足之处,这对于国内学术期刊建设更加具有参考意义。本研究通过挖掘出版流程中的细节、探索其中的限制与不足,帮助国内学术期刊更好地与国际接轨,促进国内学术期刊朝着国际化方向发展。因此,本文通过考察已有的注册报告概况,了解注册报告的发展历程和优势,针对缺陷深度剖析注册报告在学术期刊的内容建设上的不足之处,分析我国学术期刊可借鉴的操作路径。

2 注册报告的概念与流程

2.1 注册报告的概念

注册报告作为一种经验性的出版物,旨在为正式研究提供研究设想和建议。因而注册报告更加关注研究方法和研究问题的重要性,并且为部分发表偏见提供一定的补救措施。有学者曾经提出:"注册报告实质上是一份'研究计划'[8]"。在20世纪70年代中期,《欧洲准心理学杂志》就为现代注册报告的系统发展奠定了原型基础。约翰逊基于对研究再现的重要性以及研究方法的严谨性思考,与另一位准心理学家Sybo Schouten共同创办了《欧洲准心理学杂志》[14]。这本杂志的出版内容与理念十分接近于现代系统化的注册报告,但在出版流程和细节方面仍存在差异。在当前注册报告工作流程中,同行评议工作开始于数据收集之前。文章在获得原则上接受后(IPA:In-Principle Acceptance,以下简称IPA),无论研究结果如何,只要研究过程符合原先设定的方案即可接收发表。因而相较于研究结果,研究过程更加受到注册报告的重视。

从Chambers的调研[15]中可以发现,注册报告自2013年在*Cortex*正式发表以来,呈现出飞速发展的态势。2013年启用初期,注册报告仅应用于心理学领域;2016年,美国一项全国选举研究调查将注册报告开始引入到政治学领域中;2017至2019年间,注册报告发展迅猛,使用范围扩展至癌症生物学、计算机科学、临床科学、经济学、会计学、免疫学、农业学、兽学等诸多领域。而在2020年,新冠疫情爆发之际,皇家开放科学学会联合11家期刊推出了注册报告的快速审评网络,将注册报告首次应用于病毒生物学领域。由此不难看出注册报告所蕴藏的深厚发展潜力,对学术科研具有重要意义。

2.2 注册报告的流程

2.2.1 第一阶段

与传统出版模式不同的是,注册报告格式将评审分为两个阶段。第一阶段的评审侧重于对研究问题的重要性和方法论、分析计划可行性、假设的逻辑性以及研究方法的清晰度和完整度(包括方法是否能够支撑重复实验的验证的评估)。研究问题的意义和研究方法的质量才是评审给予IPA的关键衡量指标。在传统的审稿过程中,作者将完成研究的论文交期刊审核,期刊在审核后将修改意见反馈给作者,若未拒稿，作者需经过修改后方能发表。注册报告的审稿流程中创新性地加入了 IPA 授予环节。作者拥有 IPA 意味着后续的研究工作只需严格遵循提交的设计方案和评审给出的修改意见，即可被发表，无论结果积极与否。

2.2.2 第二阶段

在获得 IPA 后，研究人员正式执行研究计划，进行数据收集工作。若研究人员没有主动撤回手稿，注册报告流程将来到第二阶段。在第二阶段，研究人员将重新提交一份手稿，其中除了原先提交的引言、研究方法之外，还须包含最终的研究结果以及对研究结果的分析和讨论。此外，在"研究结果"部分中，不仅要包含已注册的分析结果，附加的未注册的分析结果也须单独作为一部分呈现在"探索性结果"中。除了手稿内容的不同，在第二阶段，同行评审的侧重点也发生了转移。评审人更多集中于研究人员对方案的执行程度、研究数据对假设的检验以及数据分析对最终结论的支撑性，而非对研究结果走向的纠结[9]。如果研究人员没有按照预期执行研究方案或最终数据难以支撑结论，期刊则会拒稿，反之论文即可被发表。

3 注册报告的优势与劣势

3.1 有助于消除结果偏见，但报告公开程度较低

传统模式下的评审人容易在已知结果的情况下，被数据性质的积极与否扰乱评价标准，从而忽略对研究问题、研究方法以及研究过程的考量。注册报告则是将预注册直接嵌入到出版流程中，通过这种模式，有效防止研究人员的选择性报告、根据 p 值是否显著来设计问题或是在已知结果后假设，使研究质量得到提升。注册报告通过设置 IPA，将文章的发表决定产生于研究结果得出之前，改善了传统流程中的弊端。这种新颖的出版方法除了可以对期刊的发表偏见和结果偏见形成一定限制外，也能有效预防研究人员伪造或篡改数据、已知结果后假设以及不正当的结果取舍的行为[11]。另外，这也在一定程度上防止作者为了迎合评审员而篡改实验数据，进而造成证据偏移的情况，为纠正学术研究中的出版偏见、提高科研再现性提供了有效方案。

但目前，仍有多数期刊将 IPA 协议保留在内部，不对外公开，致使早期的注册报告缺乏公开透明性。这样的隐匿性并不利于学术信息的开放与共享，也降低了可与预印本平台媲美的信息快速共享的竞争优势。

Hardwicke 等人[16]曾在调查中发现，在 *Cortex* 和皇家开放科学学会（Royal Society Open Science,以下简称 RSOS)中,部分 IPA 协议仅限于私下共享,而并非在公开途径,即使是公开的 IPA 协议也很难对其进行验证和定位。在其调查的 74 份公开的 IPA 协议中,仅有 26 份将 IPA 协议的只读、带时间戳版本归为独立的注册表。这不仅有违注册报告基于开放科学理念创建的初衷,也易引起后续的 IPA 协议管理混乱。而 Chambers[15]认为,这一现象的出现,是因为 *Cortex* 作为注册报告格式的先驱者,在首次发布注册报告时没有明确要求协议是否公开,从而导致后续漏洞不断出现。学界对于协议公开透明性的追求,不仅是为了检查研究人员是否按照批准的协议进行后续研究,也是为了保持审查过程的公开性,方便他人的监督,以此来提高过程的合规性。如果将注册协议持续保密,相似领域的研究人员则无法根据其中的时间线对研究进行验证,无法为最终的出版决定负责,不利于标准化注册报告出版模式的建设。

3.2 有助于科研者抢占"知识产权",但论文未完成风险较高

早前,旨在促进信息快速交流和成果优先归属的预印本平台一经诞生就受到了科研人员的青睐。但由于预印本平台未设立同行评议机制[17],因此所流通的科研信息质量无专业保证,降低了学术论文的质量。注册报告弥补了这一缺憾。在期刊收到研究计划和提案后,编辑部则转交予同行评审,由专业人员对研究质量进行评估。这一行为将为科学研究带来专业的意见指导与具有方向性的评审反馈,在追求信息快速流通时也保证了质量。同时,期刊授予的 IPA 也为创新性发现加盖印戳,保证了论文的最终发表,起到抢占"知识产权"的作用,有利于保护研究人员的首发权和学术声誉。

曾经有学者指出,学术界可以通过更直接的复制实验来支持研究人员的职业发展[18]。因此,许多研究人员基于对自身职业生涯的考虑,选择提交注册报告。由于注册报告的同行评审在第一阶段就已反馈发表意见,如果不对后续的实验过程加以督促,很容易出现论文不完成的风险。研究人员的研究计划或提案获得认可后,或因为数据不理想而半途放弃,或因已获得论文发表许可满足职业考核需求而无动力继续推进,进而没有推进后续实验的开展和验证,造成研究的"烂尾"。相同领域内的研究者因为其他学者的抢先注册而无法从事相同研究,也会因此失去参考案例,进而对相同领域内的复制研究以及后续发展产生负面影响。若是未完成论文日益增多,其也不利于研究人员树立科研信心,特别容易减少研究人员对未知领域或前沿领域的探索欲望。

3.3 监督流程可避免深度伪造,但期刊审查时间偏长

注册报告在其出版的两个阶段中都设置了同行评议。一方面可以在研究开始

之前审核研究计划和研究问题的必要性和创新性；另一方面，还可以在研究开始之后督促研究方法的落实、研究人员对实验程序的执行情况、数据分析对最终结论的支撑性等。注册报告对研究过程的严格监督，还能够有效避免研究人员通过机器合成文本伪造学术论文，进而提升对人工智能渗透下学术伪造的抗风险能力。

但是，在实际审查流程中，第一阶段手稿的提交和审查并不紧凑衔接，通常会存在延迟。如果评审拒绝审稿，可能还会花费更多的时间。这对于身处短期项目的研究人员来说，长期的审稿过程是一道难以逾越的障碍，甚至会影响到部分研究人员的职业生涯。除此之外，在部分涉及需要伦理批准的领域，不同期刊对此要求不同，这可能会出现期刊期望的方案与相关伦理部门方案相左的情况，进而造成审核工作的延迟，耽误科研工作的推进。因此，为提高效率，RSOS 响应开放科学的号召，联合 11 家期刊于 2020 年首次发布与新冠疫情相关的注册报告专属网络。在专属网络中，只有获得访问权限的期刊才有资格参与评审工作。为了保证时效，参与的期刊需在 7 天内完成对与新冠病毒相关的第一阶段注册报告的审核[15]。同时，该网络也可以作为专题论坛，研究人员可在其中交流任何与新冠病毒相关的资料。

作为参与该专属网络中的一部分，Hindawi 出版社在助力新冠疫情相关研究出版的同时，还免除经过同行评审后被确定发表的论文的相关费用[19]。专属网络这一创新审查模式不仅是流程建设上的创新，同时也大大提高了论文审查的效率，有效避免了先前不必要的延误。

3.4 出版模式拥有应用前景，但适用的研究范围有限

通过注册报告的内容特性可以发现，该格式更加适用于实验科学领域。注册研究报告明确要求的研究问题、理论、假设以及初步的研究数据，更适合以变量和数据为驱动的量化研究和实验研究，而并未将非量化非实验的研究范式考虑在内。注册报告旨在提升高质量信息的快速传播和认证，但并不仅仅是量化或实验研究有这样的需求，高质量的质化研究结果同样需要广泛传播与学界的认证，因而注册报告的适用范围存在局限性。

对于那些急需提升研究质量和论文评审速度但未尝试过注册报告的领域来说，新出版模式的应用不仅是本领域内的发展机遇，对新出版模式本身来说，也是一次重要的应用实践。虽然开始尝试使用注册报告的研究领域不断增多，但还是以当前已应用的心理学、医学和生物学以及其子学科为主，其他学科应用较少。如果将注册报告的适用范围固化在原有的研究领域中，这对其未来的拓展应用不利。

4 注册报告对国内学术期刊建设的启示

4.1 强化注册报告出版流程建设,响应期刊开放定位

作为应开放科学需求而诞生的产物,目前注册报告出版还存在一定的审核效率低下和透明度不足等出版流程建设方面的问题。为了加速注册报告的审核效率,出版商或学术期刊可以基于开放科学框架,建立注册报告专属的同行评审实验室,将手稿交予专门的评审实验室进行审核。其中的研究人员将研究内容和研究进度实时上传,而评审人也可以随时空降实验室,对研究过程进行指导。国际顶级学术期刊 *Nature* 在 2023 年 2 月 22 日宣布正式接受注册报告这一新出版格式之际,便在官网告知研究人员期刊已在 figshare 上创建了一个专门空间,用于存放 *Nature* 杂志原则上接受的第一阶段协议,并提供代表作者上传协议的服务[20],以实现数据的可查找、可访问、可互操作、可重复使用,并方便研究人员参考,切实响应了开放科学的号召。

此外,注册报告的出版流程建设也存在透明度不足的问题。先前的研究人员并没有重视注册协议的公开,将其一直保存在封闭的审查过程中,长此以往,将不利于对科学研究的监督以及注册报告的后续发展。而放眼国内学术期刊领域,尚未有学术期刊正式采纳注册报告的形式发表研究论文,一个适合注册报告落地发展的客观环境尚未搭建,这直接关系到了注册报告在国内的应用与发展。因此,我国学术出版可以尝试借鉴国外顶级期刊的实践案例,从而形成建设性方案,例如,设立注册报告出版流程规范,明确规定截稿日期、评审时间并对注册协议的公开予以强制规定,公开重要时间节点以及核心指导内容,借此强化出版流程建设,使注册报告的应用模式更加完善,从而更好地服务于社会科学实践。

4.2 细化注册报告推进流程,降低论文未完成风险

当下部分学者选择发表注册报告的功利性较强,部分学者仅仅是为了完成自己的职业或学业 KPI,鲜少有学者愿意去跟进一个持续数十年,但没有积极结果的研究课题[21]。若是"烂尾工程"泛滥开来,这对学术期刊后期的出版进程、发展甚至期刊声誉都会产生负面影响,因此,国内学术期刊在应用注册报告时要引以为鉴。加之我国本土学术期刊出版的整体研究进展、研究方向、出版风格等与国外期刊存在一定差别,我国的收稿期刊可以在借别国顶级期刊的做法之余,针对国内的学术环境特点完善自身的出版流程。期刊可针对注册报告的研究计划、数据收集、数据审

核以及其他研究进展设置时间节点和定期进展汇报流程，如无法继续研究，则需告知和公开原因，并设置公开评议征集公众对于后续研究开展的意见，这也符合开放科学的发展要求。

但如此细节和频繁的审查过程对于期刊的投稿系统和成本来说，具有一定的挑战。对此，我国学术期刊可以利用人工智能、大数据等技术溯源初始研究计划中的元数据[22]，把关研究逻辑和质量，辅助注册报告内容库的建设并制定相关制度方案。同时，相应的法律制度和道德规范也应予以支持，更加重视科研人员的知识产权以及隐私保护问题[23]。目前，关注到该潜在风险的期刊已经要求作者在提交第一阶段手稿的同时提交具有法律效力的承诺书以及一系列证据[11]，以阻止未完成论文的漏洞出现。

4.3　强化审稿人的贡献认证，提升注册报告评审质量

与传统论文评审不同，评审人在注册报告中所扮演的作用尤为重要。在传统的出版模式中，审稿人一般在论文完成并投稿于期刊后才能接触文章，并且仅限于评审意见，不参与论文制作。而在注册报告中，审稿人从研究计划诞生就开始加入到文章制作的流程中。审稿人对研究理论的适用性、研究方法的可行性、研究数据的支撑性和研究结果的创新性皆提供了重要的指导意见，也可以帮助作者解决研究过程中的困难。在注册报告中，审稿人不仅是文章评审人，也是研究的重要参与者。因而对审稿人的贡献认证在注册报告中尤为重要。若长期忽视对审稿人的贡献认证，不仅会导致审稿人的消极怠工，对稿件的评审质量也存在负面影响。目前，*Cortex* 已经就贡献者认证的问题做出改善，并发布了“review hub”来展示评审人的荣誉[10]，ORCID 平台也在持续为评审贡献者提供贡献标识符，以激发审稿人的参与动力，同时也可以提高文章的可信度，强化并完善评审流程中的问责制度。这些实践都为国内学术期刊认证和激励作者提供了参考模版。

考虑到审稿人在注册报告中的重要性，因而加强审稿人的培训也是期刊不可忽视的一部分。为了保证审稿质量以及注册报告出版流程的标准化，相关组织应当设置评审人的准入门槛、提供相关培训材料，以此来帮助审稿人快速适应工作流程和工作要素。同时学术期刊还须重视不同学科领域的同行评审专家库的建设。当前研究逐渐趋于跨学科，这对于评审人员的知识积累提出了考验，也提高了期刊寻找适配评审专家的难度。期刊的评审专家库需不断更新，同时也需根据当前跨学科趋势，判断结合较为紧密的不同学科，鼓励评审人员开展此类跨学科的知识积累。

4.4　联通知名企业或机构，提升注册报告认知度

注册报告虽然已经在国外发展十余年，但在国内学术圈中仍然是“新物种”一般

的存在,国内学术交流媒介对其宣传力度不高,这直接影响到了国内学者对注册报告的认知水平。目前不仅学术界,一些商业/公益机构和知名企业都开始关注学者的科研创新能力,学者的科研方案入围的流程与注册报告的出版流程非常相似,因此,出版社不妨尝试与知名机构组织的学者资助计划合作,以此拓展注册报告在国内的传播力度和学者的认知水平。联合国教科文组织就曾开启过"丝绸之路-青年学者资助计划"的青年学者资助项目[24],申报时需学者提交研究计划表和预算计划表,经由专家和学者组成的科学小组对各项研究提案进行评估后,学者方可获得研究基金。此外,国内头部互联网公司阿里巴巴也曾开启名为"活水计划"的青年学者支持计划[25]。有意申报的青年学者提交"课题申请书"后,由阿里巴巴集团组织的专家与外部学术顾问对课题的价值、预调研情况、难易度和研究周期等方面进行评估,并在入选后的每季度的最后一个工作日,提交研究进展的详细说明,最终成果提交后,集团将再次组织专家和学术顾问对其进行评审。基于目前注册报告在国内普遍认知度较低的现实情况,国内的学术期刊出版机构可以考虑与这些知名组织打造全新的合作出版模式,借此为注册报告在国内学术界的广泛应用与科研质量提升打下坚实基础,有助于国内学术期刊出版的创新发展。与此同时,伴随着注册报告的发展,以社会合力激发开放科学的发展潜能,实现开放科学成为社会共识[26]。

参 考 文 献

[1] 索传军,于淼. 国外期刊论文同行评议创新态势述评[J]. 图书情报工作,2021,65(1):128-39.

[2] Noorden R V. Hundreds of Gibberish Papers Still Lurk in the Scientific Literature[J]. Nature,2021,594(7862):160-161.

[3] 陈悦,王智琦,刘则渊,等. 预印本的学术影响力研究:以 arXiv 自存档论文为例[J]. 情报学报,2019,38(8):815-25.

[4] 佚名. Registered Reports: Peer Review before Results are Known to Align Scientific Values and Practices[EB/OL]. [2022-04-11]. https://www.cos.io/initiatives/registered-reports.

[5] 顾立平. 科研模式变革中的数据管理服务:实现开放获取、开放数据、开放科学的途径[J]. 中国图书馆学报,2018,44(6):43-58.

[6] 佚名. Our Mission is to Increase Openness, Integrity, and Reproducibility of Research[EB/OL]. [2022-04-10]. https://www.cos.io/about/mission.

[7] 李金珍,庄景春,邱炳武.《心理学报》开放性同行评审方式探索及初步成效[J]. 中国科技期刊研究,2015,26(2):139-142.

[8] 李潇丽，潘云涛，马峥，等. 注册报告的兴起及其对传统出版模式的挑战[J]. 科技与出版，2020(10)：114-20.

[9] 黄国彬，郑霞. 推进开放科学发展的注册式研究报告及其价值研究[J]. 图书情报工作，2020,64(7)：73-83.

[10] 黄国彬，刘磊，陈丽. 注册式研究报告的同行评议机制研究[J]. 图书情报工作，2021，65(18)：24-35.

[11] 黄敏聪. 注册报告制对科技期刊论文发表的变革性影响分析[J]. 编辑学报，2020，32(2)：232-236.

[12] 黄国彬，郑霞，刘源，等. 开放科学环境下注册式研究报告发展特点剖析[J]. 图书馆杂志，2021，40(9)：29-38.

[13] 黄国彬，毕子晗，孙静彤，等. 科研人员对注册式研究报告的认知水平及其提升策略研究：基于北京8所“双一流”高校的调研[J]. 图书情报工作，2022，66(1)：89-95.

[14] Wiseman R，Watt C，Kornbrot D. Registered Reports：An Early Example an Analysis[J]. Peerj，2019,7：e6232.

[15] Chambers C D，Tzavella L. The Past，Present and Future of Registered Reports [J]. Nat Hum Behav，2022，6(1)：29-42.

[16] Hardwicke T E，Ioannidis J P A. Mapping the Universe of Registered Reports [J]. Nat Hum Behav，2018，2(11)：793-796.

[17] 徐诺，苗秀芝，程建霞. 预印本“大繁荣”对科技期刊编辑的启示[J]. 编辑学报，2019，31(3)：282-285,289.

[18] Maizey L，Tzavella L. Barriers and Solutions for Early Career Researchers in Tackling the Reproducibility Crisis in Cognitive Neuroscience[J]. Cortex，2019，113：357-359.

[19] 佚名.新冠疫情全球蔓延，Hindawi 将减免相关文章处理费[EB/OL].（2020-3-26）[2022-04-12]. https://wap. sciencenet. cn/blog-3411312-1225419. html? mobile =1.

[20] 佚名. Registered Reports[EB/OL].[2023-02-22]. https://www. nature. com/nature/for-authors/registered-reports.

[21] Butler J，Black C，Craig P，et al. The Long-Term Health Effects of Attending a Selective School：A Natural Experiment[J]. BMC Med，2020，18(1)：15.

[22] Lakens D，Debruine L M. Improving Transparency，Falsifiability，and Rigor by Making Hypothesis Tests Machine-Readable[J]. Adv Meth Pract Psych，2021，4(2)：12.

[23] 陈劲，阳镇. 数字化时代下的开放科学：伦理难题与推进路径[J]. 吉林大学社会科学学报，2021，61(3)：116-128,236.

[24] 佚名.丝绸之路青年研究基金[EB/OL].[2022-10-21].https://zh.unesco.org/silk-road/youthgrant.

[25] 阿里研究院.阿里研究院发布2020年阿里活水计划[EB/OL].(2019-12-27)[2022-10-27].http://www.aliresearch.com/ch/information/informationdetails?articleCode=21925&type.

[26] 冶丹丹,任亮.开放科学背景下区块链出版平台科技期刊开放发展机制与启示[J].中国编辑,2021(11):49-52,66.

Innovative Inspiration for Registered Reports in the Construction of Domestic Academic Journals

Wu Yue, Cheng Xi

School of Communication, Soochow University, Suzhou 215123

Abstract Registered reports, as an emerging publishing model, have been applied in some foreign academic journals in recent years, while it is still in the initial stage in China. By analyzing the publishing model and development status of registered reports, this study aimed to reveal the innovative construction of registered reports in the field of open science and the inspiration to the construction of domestic academic journals. Through literature analysis, this study systematically described the development history, basic concepts, core elements of registered reports and their innovative construction, and also sorted out their advantages and limitations, and in this way looked forward to the impact on the construction of domestic academic journals. The study found that the registered reports had restrained the result bias and publication bias in traditional academic journals to a certain extent, and the subject areas of application were on the rise. However, there were some differences in the publication process settings of registered reports among research institutions or academic journals in different fields, as well as problems with standardized processes, insufficient transparency of registered protocols, and limited applicability. The study recommended domestic academic journals to enhance the construction of open reports in journals through computerized extraction of metadata methods and emphasis on the contribution of reviews in article creation.

Key words registered reports; peer review; academic journals; open science

作者简介

吴悦，江苏扬州人，硕士研究生，研究方向：科技传播。

通信作者简介

程曦，安徽合肥人，副教授，博士，研究生导师，研究方向：科技传播，E-mail：fxchxi@suda.edu.cn。

基金项目

江苏省高校哲学社会科学研究一般项目：前沿科技争议性内容传播框架的设置机制研究(2021SJA1341)。

作者贡献声明

程曦：确定论文选题以及内容框架，修订论文。

吴悦：实施调研，撰写论文。

理论探究

如何与公众对话：医学科普短视频内容创新生产研究

周昱瑾　秦　枫

安徽师范大学新闻与传播学院，芜湖　241000

摘　要　科普短视频是科学传播的新载体，带来新想象的同时也伴随诸多挑战。长期以来，医学科普位居我国公民科普需求的第一位，故本文以医学科普短视频为研究对象，选取抖音平台中经过认证、粉丝基数百万以上，且出现频率高、搜索排名靠前的45个医学科普账号，分析医学科普短视频的内容生产特征及问题，并基于对话理论，从对话前提、对话技巧、对话渠道和对话理性四个层面探索内容生产的创新措施。研究发现，目前医学科普短视频的内容生产层面普遍存在学术融合不足、运营思维不足、合作意识不足和价值导向不足四大问题，对此本文为生产者提供了创新生产的策略建议：信息公开、平衡属性、跨界合作、功能探索、传播精神理念等，以期提升优质医学科普内容的产出能力。

关键词　医学科普短视频；对话理论；内容生产

1 引　言

自新冠肺炎疫情突发以来，公众无论是学习、工作，还是日常接收和传播信息都倍加依赖互联网，人类的数字化生活表现出更为明显的时代特征，对于健康类的医学知识也产生了更强烈的需求。而在弥漫着提倡非理性和主体间性氛围的网络空间，各种谣言容易泛滥，虚假医学知识往往会扰乱人们辨别是非的能力，引起不必要的恐慌，所以正确医学知识的传播和网民科学素养的提升变得尤为重要，如何促进有效、有力、有方的医学科普成为当前备受关注的议题。

习近平总书记指出："科技创新、科学普及是实现创新发展的两翼，要把科学普及放在与科技创新同等重要的位置。”[1]为进一步贯彻落实习总书记的精神指示，国务院办公厅于2021年6月颁布《全民科学素质行动规划纲要(2021—2035年)》，强调要推动传统媒体与新媒体深度融合，提升优质科普内容创作和传播能力。2022年8月科技部、中央宣传部、中国科协共同编制发布《“十四五”国家科学技术普及发展规划》，规划明确到2025年，公民具备科学素质的比例超过15%，多元化科普投入机制基本形成等目标[2]。着眼实际，科普短视频不失为当下公民获取科学信息最具活力的媒介新业态，是提升公民科学素质最为有效的方式之一。医学科普短视频作为其中一个重要的分支，不仅有助于实现线上虚拟空间中的疾病预防与救治，成为线下医学工作的“助手”，节省公共医疗资源，而且能够降低医学知识的理解门槛，使得受众接触并了解更多的医学理论和实践技能，尽可能地提升人们的健康素养，减少各类疾病的发病率。然而医学科普内容本身具有的客观性、真实性和价值性可能会受到短视频媒介生产特性的冲击，“伪科学”及未经证实的医学言论的传播仍然会阻碍医学科普与公众间的流畅对话。

本文通过高级检索方式在中国知网上检索符合“医学科普短视频”或“医生科普短视频”或“健康科普短视频”或“健康传播+短视频”四个主题的文章，共获得146篇学术论文。分析文献内容后发现，现阶段，有关医学科普主题的学术讨论大致可分为三类：一是从传播学的角度考察医学科普短视频的内容生产、传播策略和社会影响等方面，多以案例分析为主。陈暖[3]以“湘雅”医院抖音号为研究对象，从传播内容、主题和呈现方式三个层面提出传播策略。徐萌[4]研究疫情之下“丁香医生”抖音号，指出医学科普短视频大众化传播策略包括医媒融合、内容通俗、及时互动和媒体矩阵建设。二是从实证的角度探讨医学科普短视频传播、扩散的影响因素。钱晨等学者[5]聚焦艾滋病群体，使用回归分析和敏感性分析等方法发现医学类科普短视频传播力度较低，生产中要避免使用恐惧、愤怒等词汇，加强专业医师与专业视频制作团队的合作。三是从法学的角度看待医学科普短视频传播中的法律风险。江琪琪等人[6]指出创作过程中形式和内容均应合规，并从原创性、隐私权、肖像权等方面进行阐释。总体来看，现有的研究成果颇为丰富，但在理论深度和宏观视角上仍有不足，这为本文的研究留有空间。

“对话”(Dialogue)是一种双向均衡范式，代表双向、平等、多元的利益和价值协商[7]。对话理论的系统性研究开始于马丁·布伯，他认为世界的本质是关系，对话是人与人相遇的同时建立的一种关系，也是最好的关系，具有直接性、交互性以及完整性，是真正平等的真诚的交流[8]。巴赫金继承了马丁·布伯的研究并对其进行完善，最早将对话提升至哲学、思想层面，他指出：“对话是多样的复调，其差异性原则根源于社会现实的多元性和矛盾性。”伴随社会发展，对话早已超越原先的语言学意义,成为人们的一种生存状态并凝聚一种时代精神,在与他者的对话中,自我和主体的进程才能实现。

基于上述医学科普短视频相关的研究现状和国家政策,本文将基于对话理论,着重探讨和回答本文的核心问题:医学科普短视频的内容生产是否或在多大程度上兼顾了科普和媒介的双重特性,实现了与公众的流畅对话?对此又可以拆分为三个子问题:当前医学科普短视频的内容生产具备哪些特征?这些特征是否冲击了医学科普原先的内容生态或带来新的问题?如果问题存在,那么未来应如何应对,从而生产出更多优质的"对话型"医学科普短视频?

2 医学科普短视频内容生产特征与逻辑转向

在科学传播的演进过程中,"公众参与科学"模型是继"缺失"模型和"公众理解科学"模型之后的第三个阶段[9]。根据博切尔特(Borchelt)与汉德森(Hudson)对于公众参与科学的定义,公众参与科学是关注定期"对话"(即沟通管理、关系协调的过程),允许普通公众就科学问题发表观点,以降低科学内容理解难度和促进良性产出为目的的公共性活动[10]。医学与人类健康生存息息相关,医学科普短视频正改变着公众接收医学信息的方式,也自然而然成为公众参与传播医学议题的渠道之一,内容生产方面展现出新的阶段性特征。

2.1 技术赋权:从单一主体转向多元参与

新技术更迭驱动新旧媒介更替,在技术的加持下新媒介形式总能对以往某一种媒介或某一个先天不足功能进行补救和补偿[11],表现为罗伯特·洛根口中的"媒介融合"。短视频的出现即融合了社交媒体的强互动性和视听媒介的强参与性,加上轻量型、低门槛等便于用户使用的特征令其逐渐成为时下内容传播的主流媒介之一。在这一趋势下,每个公众都被允许成为科学传播的主体,他们可以利用闲暇时间和知识盈余发布科学信息,成为传者身份和受众身份叠加的新个体[12]。因此,同传统的医学科普形式相比,医学科普短视频的生产者身份得以大范围拓展,科学知识能够在更大的时空范围内释放价值。

纵观目前的行业发展,除了"健康中国""安安科普"等由专业医学机构创建的官方短视频账号外,大批专业又有趣的创作者投身于这一领域,涌现出有如@医路向前巍子、@陈博士科普等一批广受欢迎的优质医学科普自媒体,让人们有更多机会接触生活中的急救知识、健康妙招,逐渐学会用简单的方法解决复杂的问题。而且随着越来越多创作者的加入,各种细分垂类的医学科普短视频先后出现,不同医院科室的专业人士利用自身优势为科学传播注入新鲜活力,催生了医学科普的内容价值。比如,北京协和医院乳腺外科主任医师黄汉源用抖音账号记录了一幕幕真实的问诊或手术现场,并将内容高度浓缩为一个关键词,全方位立体地向公众展现乳腺疾病的不同类型和需警惕的情况。此外,也正因为多元化参与的生产特征,医学科普短视频的内容视角趋于平民化和展现个体价值[13],普通的主角和第一人称口吻更加体现出医学科普的人文关怀色彩。

2.2 用户理念:从灌输说教转向生动叙事

医学知识有较强的专业性和学科壁垒,是领域内长期研究成果的集合和体现,不具备一定知识储备的“门外汉”往往会觉得晦涩难懂。传统的科学普及倾向重视权威、前沿知识的灌输,从小学课堂中设置的“健康教育”课程到各类公益医学科普讲座、主流媒体或医院不间断推出的医学科普宣传片等都旨在潜移默化中培养公众的科学素养,但囿于传统媒介形式的互动性缺陷,忽略了科学知识的传播能否被用户广泛接受并理解。如苏格拉底所言,“一万次灌输不如一次真正的唤醒”,医学科普短视频的出现拓展了医学科教的形式,迎合了用户当下的偏好习惯,内容诠释由单一的表现形态转为图文音像一体的动态化、立体化形式。娱乐化的生动叙事,颠覆传统、解构权威的逻辑架构以及接地气的创作风格都让用户直观感受到医学的魅力和实用性。

以广东省药监局的官方账号“安安科普”为例,账号内发布的内容风格生动活泼、视频主角以动漫卡通为主,打破了传统印象中医学科普严肃、刻板的形象。从内容主题来看,短视频的每一期主题大多紧紧贴近公众生活,比如“蚊子咬人的血型说不靠谱”“针对不同肤质分别应怎么护肤”“洗发水应该无硅油还是有硅油”等等。从内容呈现形式来看,视频配色清新,以生动的动画方式将复杂的医学知识简单化,增强了人们的视觉参与度,在便于理解记忆的同时提升了观赏性,视频评论区不乏“拍得好有创意”“学到专业知识了”等好评反馈。可见,这种寓教于乐的医学科普方式给予书本知识以温度,考虑到不同受众群的知识接受度,让医学走进大众生活,加速弥合社会知识鸿沟。

2.3 热点思维:从议程设置转向紧跟时事

互联网中的信息瞬息万变,海量庞杂,任何热点都讲究时效性,传统媒体时期提前挑选和设置议题的步骤已不契合新媒体的生态环境,短视频这类社交媒体的兴起更是重构了整体的媒体内容格局。“注意力经济”影响内容生产之下,无论是图文媒体还是视听媒体皆以社会时事为导向,大部分医学科普短视频的生产者遵循这一流量法则，根据社会热点事件适时发布相关科普内容，还会在各类节日、节气的时间点向大众问候或普及相关知识，抑或将节日与新闻结合起来寻找新鲜话题。创作之时，生产者普遍有意识将新闻中的关键词融入视频内容或文案之中以提高视频热度。因此，这种生产特征使得科普内容能凭借新闻热度在短期内获得受众关注，扩大医学知识的传播力和影响力。

从@科普中国官方抖音号中可以清晰看出其内容生产中的热点思维。在全国爱眼日当天，@科普中国发布一则题为“你还喜欢在睡前关灯玩会儿手机吗?”的短视频，主要介绍睡前关灯玩手机对人们眼睛健康的影响，提醒人们这种习惯轻则引起视疲劳，重则导致青光眼，并从医学的角度进行了专业性解释。再比如，继新冠病毒之后，猴痘病毒又陆续在全球范围内蔓延，中国也出现了境外输入病例。科普中国受此启发，发布了一则普及猴痘知识的短视频，视频中将猴痘的起源、传播途径、潜伏期及发病症状等一一说明，并将猴痘与天花、水痘做出鉴别。这类议题与新闻互动的生产方式增添了医学知识传播的有效性和及时性。不仅如此，端午节、父亲节、六一儿童节等节日当天科普中国都发布了相关科学知识，内容兼具趣味性和时效性。

2.4　框架策略：从事实诠释转向问题解决

在各类议题的传播和解读中，生产者和公众都会不经意采用框架化策略[14]。这种策略一方面可以塑造形象，形成独特风格，另一方面也能够结合动态发展的需要，让本我和外围保持和谐的状态。美国学者甘姆森引用框架理论，指出框架的功能在于提供人们整体性的思考基础，建构议题意义，确定议题性质。传播学界的学者们倾向于认为框架策略能够促使媒介框架与受众框架趋同、协商和对抗，双方互动能在一定程度上影响科学知识的传播效果。综合前文所述，传统的医学科普由权威机构单向设置议题，注重内容的专业性，因此一般采取的框架策略即为科学事实的诠释，其中包括技术讲解、原理剖析等知识灌输型框架。医学科普短视频出现后，内容上开始倾向情感动员框架，从情感上拉近科普与用户的距离，促进用户互动和提高用户黏性。而伴随互动性的加强，用户乐于提出各种问题，并可能主动@某一博主进行解答，基于此，医学科普短视频愈加频繁使用问题解决框架来回应部分评论区或社会热议问题，精准把握用户的求知需求。

观察抖音平台中的医学科普账号可以发现，使用问题解决框架的短视频封面标题多设置为悬念性问题，标题中常包含精练的关键词，能让用户最快了解内容重点，视频内容以回应大众“痛点”为主。比如抖音账号@医路向前巍子的视频标题除了观点的简单陈述外，很大一部分即采用了疑问句式，比如“体检出甲状腺结节，下一步应该怎么办?”“总是手脚冰凉? 试试这些办法。”“失眠挂什么科? 附快速入睡的小办法。”等等诸如此类的内容均为清晰的问题解决框架,议题的选择与用户评论紧密相连。并且这类议题会再次激发用户的互动欲,越来越多的用户主动在评论区分享自己的生活经验和试验结果。

3 医学科普短视频内容生产的问题分析

基于上文的分析,科普短视频在内容生产方面正逐步实现传者与用户间双向、系统的交流与对话。但是,任何事物的发展过程总是优劣参半,内容生产中的问题亦不容忽视,因为多主体参与并非一定利于医学信息传播,叙事方式和议题设置转向也并不必然导向科学有效的互动。本文选取抖音平台中经过个人认证或企业认证的 45 个医学科普账号作为观察对象,案例选取的参考条件如下:① 抖音中检索关键词“医学科普”和“健康科普”,出现频率高且排名靠前的账号;② 筛选粉丝基数百万以上的账号。文章主要观察以上账号 2022 年 5 月至 2022 年 9 月期间所发布的视频内容。综合生产频率、生产内容以及账号管理等情况发现,医学科普短视频领域内流畅的对话模式和成熟的对话协作机制仍未形成,有四个方面问题亟待解决。

3.1 信息滞后:内容深度有限,学术融合不足

多元化主体的参与生产虽然丰富了医学科普内容,加速了医学科普类短视频这一垂直领域的发展,但是从观察中可以发现,由于短视频追求短小简洁,所以目前医学科普账号中存在一种普遍现象,即生产者对知识点的讲解总是浮于表面,比如,在短短几分钟内介绍定义、起源、特征等,却忽略普及一些更深入的影响和后续发展。而且受众在评论区的追问和疑惑通常不会得到博主回答,更多的是受众之间互相讨论,后续生产者也很少针对同样的主题内容作深层次的答疑解惑,从而使得内容呈现泛而不精的特点。“在医学领域做科普,要以学术为纽带,科普、学术从来不是分离的”医学传播学学科创立者王韬教授等[15]认为,医学科普短视频是医学传播事业的重要部分,传播的内容不能停留在“谈病”层面,还应深入至“看病”和“看待病”层面。然而,目前的医学科普创作者更倾向于“谈病”,生产的内容中浅薄的医学知识占大部分,没有真正地将学术研究与科普二者融合,形成完整的医学知识科普体系,学术资源未能透明化、科普化,受众对于前沿医学研究成果的接触和知晓仍处于滞后状态。这就使得医学科普短视频做到了时长短、理解易,却没有做到内容精、价值高。

3.2 体验欠佳：内容管理粗糙，运营思维不足

宏观来看，医学科普短视频的生产者们意识到了议题紧贴时事的重要性，也会在与用户互动的过程中挖掘新主题，注重使用平民化的语言和生动的叙事方式。但是，除了少数科普账号在内容管理及账号运营上体现出较强的逻辑性和专业性外，大部分个人生产者无法平衡短视频媒介特性和医学科普专业性，在专题归纳和视频制作两个方面还有提升空间。

首先，如前文所说，医学科普短视频内容泛而不精，生产者会顺应短视频的流量原则发布各类相关的医学热点主题，但绝大多数生产者没有意识将这些庞杂的内容按照专题进行归纳，内容管理粗糙，缺乏整体性思维。这个问题不仅影响用户快速定位需要的内容，而且使得账号内容重点失焦，定位模糊，有损医学科普专业、科学的形象。其次，在视频制作层面上，当下的医学科普短视频有三个主要的呈现形式，分别是卡通漫画型、图文结合型和医生讲解型，后两者制作流程相对简单，所以在作品形式中占比较大。通过观察已有的视频作品，图片的大小比例不统一、字幕配色杂乱、拍摄背景和拍摄角度过于随意等问题显而易见，作品的观赏性还有待提升，暴露出医学科普创作者在用户体验思维上的不足。

3.3 平台局限：内容策划简单，合作意识不足

一般而言，遵循规范、严谨的内容策划流程是生产出高质量内容的关键。而内容策划需要考虑背景、形式、目标、传播、场景等多个方面，依靠医生个人完成这一套流程是非常耗费精力的，所以医学科普生产者想在短视频这个不熟悉的领域发布医学科普的爆款内容并非易事。而且医学科普的生产者平时任务繁忙，工作压力大，没有过多的时间钻研内容之外的方方面面，内容发布的平台也较为单一，以至于一些高质量的内容在复杂的媒介环境中传播范围小、传播效果差，难以获得用户注意力。

归根结底，这个问题主要源于生产者合作意识及整合传播意识的缺失。唐·舒尔茨(Don Schultz)在整合营销理论中提到，要实现有效、有力的传播，需要运用一系列战略性的传播方式，包括但不限于多平台、多领域的联动合作。就以前面的几大短视频平台来说，他们拥有不同的风格定位，主要用户群体也各有差异，比如，抖音在一、二线城市普及率更高，而快手在三、四线的下沉市场中更受欢迎，哔哩哔哩则主要面向青少年和二次元群体，专注于某一个平台不利于最大化实现医学知识的传播，更无法达到科普的目的。再者，如果缺少跨领域的专业合作，创作者就难以根据不同场景、题材类别，采用不同的艺术表现手法诠释知识内核和医学观念，也很难实

现医学知识的集约化整合和创意生产。

3.4 理性缺失:内容风格同质,价值导向不足

本文经过观察45个医学科普账号发现,无论是综合性的官方科普账号,还是医生个人的科普账号在内容风格上有同质化趋势。在题材的选择上,@健康中国这类综合性账号会汇总一些地方医疗机构制作的科普宣传视频,截取新闻发布会现场片段、人物采访片段、医生独白等,会根据节气和节日发布相关医学议题,内容主要聚焦于医疗保健、生活医学技能和疾病预防三个方面。同样的,像@心血管王医生、@疼痛科张医生做科普这类垂直领域的医生账号,其发布的知识内容也无外乎这几个主题,最为不同的可能是他们更多普及自己学科内的疾病预防知识。这种情况一方面不利于树立账号的品牌形象,突出账号个性特征,在用户群体中形成记忆点,另一方面也导致了账号内容价值导向不足的问题。

有学者在研究中提到,医学科普短视频的价值导向包括了还原本真的医生形象、尊重生命和建立理性思维[16]。笔者认为,在目前的医学科普短视频领域,能够帮助用户建立理性思维的内容十分稀少,而且在短视频领域,大多数用户选择沉浸在以感性思维为主导的碎片化逻辑之中,理性的缺失往往会导致其在面对问题时难以保持清醒和冷静,在此基础上与其进行的交流与对话无益于医学科普的进一步发展,也难以从根本上提升公众的健康素养和科学精神。

4 医学科普短视频内容生产的创新思考

在"对话理论"视域下,科学普及强调主体间性,看重交互的讨论,追求形成多元主体之间的交往理性,从而促进更大范围内科学知识的流动和社会共识的达成[17]。在前文总结的四个问题基础上,以下将分别从前提、技巧、渠道、理性四个层面提出打造对话式医学科普短视频的建议和措施。

4.1 对话前提:保持信息公开与坚持行业自律

胡百精教授[7]在其著作《公共关系学》中提出实现对话的两条路径,一是事实层面需要真相互通,二是价值层面必须建立信任。可见医学科普短视频想要向对话式科普迈进,保持信息公开是第一位的。根据美国学者奥尔波特和波斯特曼在1947年总结的谣言公式[18],事件信息的模糊性会加剧谣言的传播,而且数字化时代谣言传播速度快、范围广、影响大,尤其是面临突发的公共卫生事件时,真实的医学信息可能被淹没在海量的虚假信息之中,随之而来的"信息疫情"会削弱科学传播效果,

引发公众非理性的恐慌情绪,对社会稳定造成破坏性影响。因此无论是官方医学科普机构,还是个体生产者都应该密切关注社会新闻和行业动向,官方机构需及时发布行业内的资源信息,将医学科普与学术研究进程紧密结合,必要时对重要事件进行全方位、立体化的持续性追踪呈现,将医学知识的权威解读公之于众,让用户能在第一时间了解事实、把握真相,阻止谣言的产生和后续传播。医学科普的个体生产者在信息资源及研究动态上不及官方机构,所以对于未经实践证明的观点应始终保持谨慎态度,在权威结论未公开之前不传播任何误导性信息,但可以适时针对流言进行中立的理论分析,为事实公开争取时间。

另一方面,生产主体应坚持行业自律,在事实公开的基础之上融入价值和情感信息,发挥舆论场中意见领袖的作用,以客观、公正的态度引导公众,减少沟通错位。首先,考虑到医学科普领域的特殊性,创作者自身需要不断学习、汲取前沿知识,提升专业能力、科学素养和政治站位,强化科普伦理意识,在交流和研讨中及时补充"视域剩余",从而生产出更严谨、权威的内容;其次,创作者需严格把关生产中的每一个流程,诸如议题选择、创意构思、制作生产等,尽量避免重复生产浅薄、常识性的科普内容,持续拓展内容的深度广度,通过高频高质量地输出内容来赢得公众信任,拒绝"标题党""伪造"与"抄袭"等行为,力求改变医学科普倾向于"谈病"的现状,向帮助公众"看病"和"看待病"层面过渡。

4.2 对话技巧:掌握媒介属性与坚守自身特性

打造对话式医学科普短视频必须把握好科学和娱乐的互动关系,平衡二者间天然的属性差异,即需要在顺应短视频媒介娱乐化、商业化特征的同时,坚守医学科普的科学性、专业性。

科学的娱乐化表达实际上体现了公众主体性的回归,创作主体可以主要从三个方面着手来顺应这一趋势。一是应该妥善借力"娱乐",软化表达枯燥难懂的医学知识,适当采用平民化语言、故事化叙事、幽默玩"梗"等手段来降低科学传播的阻力。二是认识到移动互联时代下圈层细分这一特征,加强对多元、异质公众的理解,定位好目标用户群,加强科普的分众化、精细化传播,打造独特 IP,展现账号的个性化和内容的风格化。三是尝试广告定制化医学内容的另类科学传播,挖掘某些产品(非药品)背后所蕴含的科学原理、科学功能和科学现象,比如,深度讲解牛奶中的各项添加成分,普及"乳蛋白""益生菌"等名词的含义、功效,从而有利于公众选择更契合自身需求的产品。因为依据"对话理论",对话具有包容性和超越性,对话过程中可以包容必要且合理的宣传、说服手段,另类的科学传播能够更好契合短视频媒介商业化的特征。需要特别提醒的是,医学科普短视频与广告的结合仍应聚焦健康知识的传授,弱化广告的推广痕迹,实现好产品或服务的“人性化”推广。在此过程中,创作者必须恪守底线,严格把关产品成分和使用效果,不参与任何夹杂经济利益的带货行为,因为带货环节繁多,稍有不慎便会影响个人乃至整个医生群体的公信力。因此,此处的建议特指公益性质的产品推广,目的是让真正有益于大众健康的好产品被更多人知晓。

医学科普除了需要顺应媒介平台娱乐化、商业化的趋势外,更重要的是坚守自身的科学性和专业性。这种特性不仅通过内容呈现,还应体现在生产者的短视频剪辑能力,媒介技术的使用能力上。虽然随着科技的进步,社会上已经推出多个类似“剪映”这种拥有快速添加字幕、调整画面滤镜等多种功能的一键剪辑软件,但显然,千篇一律使用剪辑模板容易令公众审美疲劳,而粗糙的拍摄和后期也可能降低视频整体的专业性和体验感。因此,生产者在科研之余学习剪辑技术、图片编辑技术都是必要的,旨在更加清晰地表达内容核心,促进内容呈现与内容本身的统一,从视觉、听觉等多方位坚持科普的固有特性。生产者对于创作内容的后期管理和归类也是体现专业性的一个重要方面,因为有序的专题整理可以让公众快速定位需要的内容,避免无头绪的模糊搜索。鉴于此,当前的医学科普账号还要进一步优化。

4.3 对话渠道:加强跨界合作与探索“NFT+”功能

当前,不同行业间灵活、弹性的交流与合作无处不在,跨界融合是时代大趋势。医学科普短视频发展至今,愈来愈多专家学者加入其中,通过短视频平台呈现不同医学科室中的专业知识,为用户搭建了网络学习医学内容的新空间。然而正如问题分析部分所提及的,想要打造医学科普的精品内容、广而有效地传播健康知识不能单凭某一领域的创作者或某一特定平台,跨界专家合作和多渠道联动传播才能够推动医学研究成果快速转化,打造品牌优势,并拓展与用户的互动方式。目前,医学科普领域已有不少跨界尝试,比如在上海市科委科普处资助下,复旦大学附属妇产科医院联合庖丁影视文化公司制作女性健康科普微电影《生死超越》,将妇产科领域最前沿的学术进展和医学知识融入影片中,其20集的衍生短视频更是采用剧情+专家解读的方式来提醒女性在忙碌的生活中要及时审视自我健康,打破了传统的医学说教模式,潜移默化中推动了成果变现。这种用艺术演绎医学,把现实照进荧幕,并全网公开传播的医学科普尝试不仅能让公众最直观地感受医患关系,学习医学知识,而且可以拓宽公众意见反馈的渠道,扩大对话空间,值得未来的创作者参考。

另外,在区块链技术支撑下、短视频平台可以探索开发NFT(Non-Fungible Token)功能,这有助于提升公众在医学科普中的参与感。NFT是一种非同质化通证,拥有不可逆转的特性,产品从上链开始,每一个环节都有明确记录,且公开透明,任何人无法篡改,它可以帮助平台上任一作品进行版权登记,从而更好地保护作品的知识产权,保证数字资产的长远发展。同时,NFT 去中心化的特点允许每个人参与其中,线上交易场景可以加速作品流通,提高交易效率和交易质量。此基础上,医学科普短视频创作者应不懈追求内容的独创性和新颖性,产出与自身科研经历、健康产品体验、医学科普基地参观等情境相关的科普内容,这类短视频若被作为虚拟资产在平台中进一步交易和流通,具备一定的商业价值和内容价值,利于医学科普短视频 NFT 生态的良性发展。

4.4 对话理性:传播科学精神与提升科学素养

所谓对话理性,即多元主体之间拥有一套彼此同意、普遍接纳、自觉遵守的对话伦理。简单而言,主体间的互动不应流于文字,而精神和态度上的互动与认同更为重要。纵观科普的发展过程,它实际上经历了三个阶段,先是知识缺失,后是态度缺失,最后是信任缺失[19]。普通公众科学素养缺乏是态度和信任缺失的重要缘由之一,因为公众已成为拥有主体性的独立个体,可以自由选择相信科普知识与否,甚至可以对其进行任意地解构和戏谑。所以仅仅给目标受众提供科学知识并不能让他们形成理性的科学态度。但当前的医学科普整体上存在以传递专业知识点为主的现象,全面涵盖了保健知识、临床知识、影像识别等多个学科分支领域,就知识谈论知识,就社会议题谈论知识的短视频仍然占据大多数,介绍医学精神和医学思想的作品还较为稀缺,这是未来创作者需要努力改善的生产现状。

医学精神,事实上就是一种科学精神。笔者认为传播科学精神和科学思想可以从以下几点着手。首先,生产者应持续通过现有的学科知识传播来激发公众的求知与探索欲,用简单易懂的方式引起更多人对医学的兴趣。其次,科普内容可侧重记录某项科学成果严密的逻辑论证过程和科学方法,适当交代科学家们多次重复进行实践验证的严谨过程,告知公众“世界在本质上是有秩序的和可认识的”[20],培养公众追求真理的信心和耐力,让其能在面对各种突发公共卫生事件时保持理性,冷静等待真相且不信谣不传谣。同时,虚假和浮夸的科研案例也应该真实呈现出来,让观众明白编造谎言、伪造实验数据的行为后果,弘扬正确的科学精神。最后则是鼓励创作者们敢于挑战权威、理性批判错误,恰如波普尔(K. R. Popper)所说:“正是怀疑问题激发我们去学习,去发展知识、去实践、去观察。从这个意义上说,科学的历史就是通过怀疑,提出问题并解决问题的历史。”所以在未来,创作者需要进一步直面社会上有争议的问题,公正客观地提出质疑,推动学科不断向前发展,彰显科普从业者应有的科学素养,自身做好表率,用实际行动感染更多公众。

5 结　语

医学科普短视频的兴起和发展使更多晦涩难懂的医学知识得以在更短的时间内显性化、立体化、直观化地展现，传统科学传播的阻力得到削减，传播效率得到提高，传播边界得到拓展。而想要保持该领域可持续性的发展势头，我们必须认识到当前内容生产中所出现的几大问题，坚守医学科普的科学性内核，调整生产思维和运营策略，打造促进实现社会共识的对话式医学科普短视频，推动全民科学素质和健康素质建设进程。

参考文献

[1] 罗子欣. 把科普放在与科技创新同等重要的位置[EB/OL]. (2019-05-30)[2022-08-15]. https://m.gmw.cn/baijia/2019-05/30/32877181.html.

[2] 新华社. 《"十四五"国家科学技术普及发展规划》正式公布[R]. 2022.

[3] 陈暖. 医院科普短视频传播现状与对策研究：以中南大学湘雅医院抖音号为例[J]. 科普研究，2021，16(1)：32-38,55,97.

[4] 徐萌. 疫情语境下医学科普短视频大众化传播策略创新：以"丁香医生"抖音号为例[J]. 传媒，2020(18)：38-40.

[5] 钱晨，张涛. 艾滋病相关短视频的传播特征及其影响因素分析[J]. 中国艾滋病性病，2021，27(12)：1394-1399.

[6] 江琪琪，焦珊珊. 新媒体时代医学科普创作中的法律风险[J]. 科普创作评论，2022，2(2)：47-52.

[7] 胡百精. 公共关系学[M]. 北京：中国人民大学出版社，2018.

[8] 唐冰. 对话理论视阈下网络直播的视听传播探究[J]. 中国电视，2022(8)：67-72.

[9] 翟杰全. 科技公共传播：知识普及、科学理解、公众参与[J]. 北京理工大学学报(社会科学版)，2008，10(6)：29-32,40.

[10] 杨正，肖遥. 为何要引入公众参与科学：公众参与科学的三种逻辑：规范性、工具性与实质性[J]. 科学与社会，2021，11(1)：115-136.

[11] 保罗·莱文森. 数字麦克卢汉[M]. 何道宽，译. 北京：社会科学文献出版社，2001.

[12] 秦枫. 新媒体环境下科学传播分析[J]. 科普研究，2014，9(1)：20-25.

[13] 潘希鸣. 当代中国科普电视节目与科普短视频之叙事差异分析[J]. 江西师范大学学报(哲学社会科学版)，2020，53(5)：96-103.

[14] 蒲信竹. 自媒体科普短视频的内容生产与公众解读：兼议对话规则的建立[J]. 中国

编辑，2021(3)：33-37.

[15] 王韬，牟怡，徐仲卿. 医学传播学：从理论模型到实践探索[M]. 上海：上海科技教育出版社，2019.

[16] 冯杨. 医学科普短视频的创作特征和价值导向[J]. 青年记者，2020(26)：74-75.

[17] 罗湘莹，杜智涛. 走向公共对话：后疫情时代科学传播的创新对策[J]. 科技智囊，2020(11)：64-68.

[18] 雷霞. 谣言生命力解读：谣言概念及公式研究综述[J]. 新闻记者，2020(11)：85-96.

[19] 黄荣丽，王大鹏. 科普短视频的现状与发展趋势刍议[J]. 科普创作评论，2022，2(1)：12-18.

[20] 阿尔伯特·爱因斯坦. 爱因斯坦文集：第一卷[M]. 许良英，译. 北京：商务印书馆，1976.

How to Talk to the Public: A Study on Innovative Production of Short Video Content of Medical Science Popularization

Zhou Yujin, Qin Feng

School of Journalism and Communication, Anhui Normal University, Wuhu 241000

Abstract Popular science short video is a new carrier of science communication, which brings new imagination and many challenges at the same time. For a long time, medical science popularization has ranked first in the demand for science popularization among Chinese citizens. Therefore, this paper takes medical science popularization short videos as the research object, selects 45 medical science popularization accounts with more than millions of certified followers, high frequency and top search ranking in Tiktok platform, analyzes its content production characteristics and problems, explores innovative measures for content production based on dialogue theory at four levels: dialogue premise, dialogue skill, dialogue form and dialogue rationality. It is found that four major problems, including insufficient academic integration, insufficient operational thinking, insufficient cooperation awareness and insufficient value orientation, generally exist at the content production level of short medical science videos. In response, this paper provides producers with strategic suggestions for innovative production: information disclosure, balanced attributes, cross-border cooperation, functional exploration, and dissemination of spiritual concepts, in order to enhance the output capacity of high-quality medical science content.

Key words medical popular science short video; dialogue theory; content production

作者简介

周昱瑾,女,安徽师范大学新闻与传播学院二年级硕士研究生,主要从事新闻与传播研究。E-mail:zhouyujin@ahnu.edu.cn。

秦枫,男,安徽师范大学新闻与传播学院副院长,博士生导师,主要从事新闻与传播研究。E-mail:qinfeng@ahnu.edu.cn。

基金项目

2021年安徽高校研究生科学研究项目"交叉学科视角下短视频内容质量的评价方法与优化策略"(项目编号:YJS20210174);国家社科基金"移动短视频内容生产与传播的价值引导研究"(项目编号:20BH152)。

框架盗猎：食品安全信息辟谣的行动困境

潘楚含　马聪骜

湖南大学新闻与传播学院，长沙　410082

摘　要　在指出“辛吉飞”等自媒体高度风格化的“打假”视频内容可能产生误导并进行辟谣时，“中国食品融媒体报”（以下简称“中食报”）尽可能做到了符合学界主流观点，强调的宏观上注意“主体”“时机”“渠道”“内容”，微观上注意内容的科学性、易读性和情感唤起的辟谣策略，却仍然遭到了舆论的强烈抵抗。本文认为在多元主体共同参与传播的情境下，辟谣不再是单向的“传-受”关系，而是公众与主体间就谣言与辟谣信息不断对话的关系。因此本文借助Nvivo质性研究工具对“中食报”“辛吉飞”的视频文本以及相关评论区文本的论证框架进行对比，发现在“辟谣”对话过程中，公众会通过“框架盗猎”的方式，部分地攫取并逆转权威论证框架进行反向论证，使原有的强论证框架几近失效。由于科学信息辟谣中必然存在对表面融贯的伪合理认识进行批驳，而这套论证框架又必然处于被盗猎的风险之中，构成了食品安全信息辟谣的行动困境。

关键词　科学信息；辟谣失灵；框架盗猎；Nvivo

1　引　　言

辛吉飞等短视频博主以“科技与狠活”的标签和高度风格化的视频表达引起了公众对于食品配料以及低价食物产品的关注，也使食品安全领域长久以来的添加剂焦虑以“海克斯科技恐惧”的形式复苏。“海克斯科技”原是《英雄联盟》中的游戏术语，特指一种魔法和科技融合的顶尖技术[1]，但在短视频博主们的表述下已然成为食品加工业将食材“化腐朽为神奇”的代名词。在辛吉飞掀起舆论热潮的同时，“中国食品融媒体报”(以下简称“中食报”)在多个平台发布视频,以守护“食品安全的最后一片阵地”为口号对辛吉飞账号内容的表达方式和价值倾向进行批判,指出辛吉飞的“科技与狠活”是对低价食品的全盘否认,极易对公众认知产生误导,并将辛吉飞引发的关于食品添加剂的科学争议转换为对于添加剂、低价食品以偏概全的科学谣言,力图澄清“使用”与“滥用”食品添加剂及其与制假的差别,以期平息舆论误解。《中食报》在已经占据主体权威,并尽可能做到了辟谣及时、内容科学、输出方式多样、注重情感唤起等的情况下,仍然遭到了民间舆论的强烈抵抗,学界常见的在宏观层面强调“主体”“时机”“渠道”“内容”[2],在微观层面关注内容科学性、易读性和情感性[3]的分析框架已然不能解释此次辟谣失灵。

学者王超[4]认为,“辟谣失灵”是指“权威辟谣主体积极发布的辟谣信息无法有效控制、消减谣言信息的一种普遍现象”,在“信息接收-信息接受”的信息传播过程阶段由技术性原因和功能性原因分别表现为信息迟滞型辟谣失灵和信息回避型辟谣失灵。此次关于添加剂的“辟谣失灵”显然属于信息回避型辟谣失灵。“中食报”所传播的“辟谣”信息内容并未被受众所接受,甚至引起极大的抵抗,从本质原因来看是科普信息内容的功能性失灵,即信息传播内容的效果欠缺。

学界普遍认为内容的框架会显著影响文本传播的效果。吉特林将框架定义为“关于存在着什么、发生了什么和有什么意义这些问题上进行选择、强调和表现时所使用的准则”[5]。实证研究中主要通过分析不同专业媒体间科普文本框架的一致程度[6]、专业媒体与自媒体的科普文本框架的一致程度[7]或媒体、自媒体文本框架与公众评论框架间的一致程度[8]来描述报道框架的传播效果,重点聚焦于不同传播主体所生产的文本哪一个更能显著影响公众的理解,由此产生的“框架争夺”“框架竞争”“框架失衡”等概念也主要是用来描述官方媒体、专家等关键传播主体之间的话语权力关系,公众评论由于较关键传播主体生产的专业性不足、内容碎片化、表达情绪化,其表达反对意见的行为往往被视作是“信息回避”或“解读错误”。然而这种关系构建显然不能正确地描述信息技术迭代下“公众参与式科普”[9]中的多元传播主体关系。处在传播场域中的多元主体实际上处在信息的“多元交换”状态而非“单向传递”状态中,公众通过评论、弹幕甚至自制内容的方式就某科学议题发表的内容既是对辟谣信息的回应,又是其他主体的阅读文本,也能够输出意义。然而现有研究并没有对其在科学内容传播中所起的作用进行相应的主体化理论建构。

此次事件中,科学谣言与科学争议紧密纠缠。“使用添加剂”与“食品造假”“危害身体健康”等叙事构成了科学谣言,而“添加剂使用剂量”与“合法合规与否”“健康与否”等叙事则构成了科学争议。中食报实质上针对的是“科学谣言”,辛吉飞与网络受众则更关注“科学争议”,各方在各自的关注领域中输出观点,并分别通过发布视频、评论等方式进行争论,其本质目的都是使其发出的论断被认定为“真”。关于论断真实性的讨论,学界主要从“符合论”“融贯论”进行了探讨。“符合论”强调“相符即真实”[10],指论断内容应与客观规律相符,即“符合之真”[11]。但由于其“事实合法性”与“符合技术性”的两大判定难题[12],“符合论”主导的真实性验证受到诸多诟病[13]。

“融贯论”则聚焦于“符号文本”层面,认为真理作为被言说的“符号文本”,要能够达成“元素的相互一致:逻辑上相关,各元素相互支持”[14]。有学者研究发现,文本内容的融贯与否,是受众辨别事实真伪性的首要考量标准[15]。中食报、辛吉飞所发布的视频虽然以动态的声音图像出现,其本质仍然是在某种主观逻辑下通过文本叙述呈现的事实[16]。文本的“融贯性”虽不必然保证科学论断的“真”,但文本的“不融贯”却常常能成为质疑内容为“真”的必要线索[15],因此保持“融贯”在科学传播的现实情境中十分重要。但科普内容论证的融贯性一方面会因为与受众积累的经验事实不符而大打折扣,另一方面科普内容论证中因受众质疑而产生的片段化但持续不断批驳性内容也会逐渐消解掉科学论断的融贯性,从而降低其框架的论证效果。

综上,本文以多元传播主体的对话关系视野代替关键传播主体的中心-边缘关系视野,将参与此次科学争议的多元传播主体所输出的文本(主要包括中食报、辛吉飞的视频文本和两者下方的评论文本)视为是尝试向其他人进行意义输出的内容,通过比较三者间的论证框架,以解释中食报内容论证框架的融贯性是如何被消解的。

2 研究设计与实施

“框架”作为认识和解释社会生活经验的自我规则和认知结构,展现在不同传播主体输出信息、建构文本的行为中。就以往的文献梳理来看,过往研究较少将视角聚焦于不同意见主体建构话语的论证框架,且内容分析等其他研究方法很难提炼出各意见主体的论证框架。因此,本研究选取扎根理论研究法,在开放状态下通过不断比较和分析各意见主体的论述性语句,并从中抽取出其使用的论证手段、论证方法和论证逻辑。

中食报在发布批判“海克斯科技狂人”视频内容后,其长期以来通过输出专业食品科普内容所获得的舆论支持在突然间发生了转变,并由此掀起了巨大的食品安全舆论争议波澜。反观辛吉飞,作为在 2022 年 9 月刚刚在平台中初展头角的“小网红”,却在这场争议中获得了前所未有的关注与支持。根据相关数据显示,辛吉飞的抖音账号在中食报发布相关批判视频的后一天达到了三个月以来粉丝涨幅峰值。因此本文以中食报发布相关批判视频的日期为重要时间节点(2022-9-7),选取了 9

月7日之前中食报所发布的全部视频内容、辛吉飞所发布的“科技与狠活”相关视频内容以及中食报评论区中的用户评论,对三者进行分析、编码,逐步构建出不同意见主体的论证框架理论模型。通过对三个原始资料数据中与研究主题相关的任何可以编码的句子、词组进行概念化处理与整合,最终提炼出的编码结果如表1~表4所示。

表1 中国食品报融媒体视频内容开放式编码后形成的初始概念及初始范畴

初始范畴	代表性语句
C1 反对捏造事实	营养成分表上(反式脂肪酸)已经标注了0,你还说有反式脂肪酸,并且是没有根据的,那你这个就已经构成诋毁了
	这是大米的营养成分表,可以看到每100 g所含的能量,跟巧乐兹差不多,这个热量呢其实也并不高,所以你说巧乐兹是热量炸弹纯粹是胡说八道
C2 反对以偏概全	硫化亚铁难消化是真的,但是你不上厕所吗,不好消化就留在你身体里面了吗
	高温灭菌的确会损失(牛奶中)一些营养物质,但并非是全部流失啊
	你说所有的薯片都致癌物超标?拜托,不是所有的膨化食品都含有致癌物,这是完全在断章取义
C3 反对定性定罪	能不能别开地图炮了!一上来就劝你什么东西尽量别吃
	我们其实支持科普假货的生产过程,但坚决反对低价有罪论
	说动了我们的利益,也动了资本的利益,不是你除了阴谋论能不能来点儿新鲜的呀,真是搞笑
C4 反对偷换概念	配制型含乳饮料,这是牛奶饮品,你怎么非要把它归为牛奶呢
	人家也没说自己是矿泉水,不是写了吗?包装饮用水
	你也知道人家叫做乳味饮料,为什么还要强行归结到牛奶呢?还说人家是假牛奶
C5 实验案例	博主凰家实验室对市面上的矿泉水进行了微量元素的检测,又对北京的自来水做了检测,结果发现差距并不大
C6 生活常见案例	给大家举个例子,一些品牌知道大家(防辐射)的需求,就做了防辐射的孕妇服
	我给大家举一个最简单的例子,世界卫生组织定义酒精是一类致癌物,但其实很多食品当中都含有酒精,比如蛋黄派,又如你家里边用的料酒

续表

初始范畴	代表性语句
C7 新闻案例	这里我就再分享一个新闻案例,这几个人 8 月份制作假蜂蜜已经被送进去了
C8 专家解读	咱们听大夫怎么说吧
	咱们再听听食品学院的教授怎么说
C9 法律法规	安全法规定,所有上市销售的产品都需要遵守食品安全标准
	根据食品安全法第一百二十四条第四款,这样的食品不足 1 万的要依法处于 5 万以上 10 万以下罚款,超过 1 万的应处 10 倍以上 20 倍以下罚款
C10 国家标准	按照国标要求,它必须在包装上面写明叫纯牛奶
	这些物质的执行标准是国标 15196
C11 专业报告	在世界卫生组织发布的报告里,可以看到肥胖症的形成跟盐和脂肪有着直接关系
	世界卫生组织曾在 2015 年发布的《成人和儿童糖摄入量指南》中建议成人每天的糖分摄入量不超过 45 g
C12 文献数据	我们来看这篇文献中 100 g 馒头、油条的营养成分表对比
	我们以这篇文献为参考
C13 自行送检	本报可以帮大家拿去送检,看看到底有多少反式脂肪酸 如果大家不信,我可以随机挑几个产品去送检一下,帮大家看看
C14 查询抽检报告	查询××品牌/集团在 2014 年至今的产品抽检中没有发现一次不合格
	这里面的反式脂肪酸含量是微乎其微的,具体我们看这些抽检报告
	根据国家视频安全监管部门 2014～2018 年对蜂蜜产品的抽检结果显示,蜂蜜的平均合格率为 98.2%
C15 质疑利益勾连	你双标也不能这么个双标法吧!你可刚说完××产品添加剂多不推荐呢,怎么转过身来推荐差不多的产品
	有些营销号的常见套路就是利用新闻报道来断章取义,进而攻击整个行业或者产品,以此来获取流量
	我这么一举例子,你就应该能品出其中的商业逻辑了

续表

初始范畴	代表性语句
C16 质疑专业水平	你这鉴定也太好鉴定了,这玩意谁不会啊,我穿一白大褂就能说自己是医学导师吗
	我真搞不懂配方师是个什么职业,(招聘网站配方师招聘岗位、岗位要求截图)所以我简单的在招聘网站上看了一眼,好像是做化妆品的吧,得化工相关专业,(做实验画面)但真要是学化学的,您能说出下面这些话吗
	我感觉你没有一点食品方面相关的知识
C17 道德谴责	能不能有点良心啊
	面不能吃,饮料不能喝,是谁在制造食品焦虑
C18 戏谑反讽	您这才叫国际驰名双标啊

表 2　中国食品报融媒体视频内容编码结果

三级编码	二级编码	一级编码
A1 证伪	B1 质疑逻辑漏洞	C1 反对捏造事实;C2 反对以偏概全;C3 反对定性定罪;C4 反对偷换概念
	B2 质疑主体	C15 质疑利益勾连;C16 质疑专业水平
A2 证实	B3 事实呈现	C5 实验案例;C6 生活常见案例;C7 新闻案例
	B4 权威引用	C8 专家解读;C9 法律法规;C10 国家标准;C11 专业报告;C12 文献数据
	B5 检验论证	C13 自行送检;C14 查询抽检报告
	B6 建立一致	C17 道德谴责;C18 表明立场

表 3　辛吉飞视频内容编码结果

三级编码	二级编码	一级编码	代表性语句
A1 证实	B1 逻辑诡辩	C1 以偏概全	那有没有一种饮品,大家一点儿都不要碰呢
			去那炸串店吃鸡排,以为是个好肉给你做呢? 纯边角料压制啊,哥们儿
			其实市面上根本没有不带肉的淀粉肠,因为边角料鸡肉鸭皮,那比蛋白粉还便宜呢,哥们儿
		C2 偷换概念	那飞哥合着 19 元钱,我就买了一罐糖水啊! 对啊还是加了香精的糖水
			那你 60 元钱 1 kg 买的牛肉干纯纯是科技与狠活啊哥们
		C3 道德谴责	这一个鸡排就回本啊! 挣多少钱干啥玩意啊你们那炸串啊
	B2 事实呈现	C4 个体经验	在网红那 60 元钱 1 kg 买的牛肉干儿哎,以为捡到一个大便宜,我们这儿鲜牛肉都卖 80 元钱 1 kg 了
			上几次当就好了,我以前也老上当,现在都有经验了
			我们那生鲜超市,普通的榴莲都 60 元钱 1 kg 了,那一个榴莲带皮的 300 多元,哪能给你有好榴莲肉做月饼馅儿呢? 哥们儿
		C5 行为验证	泰森都不敢这么喝,我敢这么喝,你飞哥比泰森都狠呐
			现在我要自己挑战 15 串儿
			我给你们尝一下酥脆度啊
			给我的柠檬红茶里来上一勺啊
		C6 实验还原	来挨个测试啊
			今天拿几种常见的科技用料做一个横向评测
			今天飞哥教大家解密淀粉肠的制作
			教大家做一下时下年轻人最喜欢吃的奶酪棒
		C7 情境实拍	来祖安科技市场采购原料,这里卖月饼包装盒儿的(包装盒特写)和模具的
			大姐我又来了,来个炼乳(市场实拍)

表 4　中食报视频评论区用户评论编码结果

三级编码	二级编码	一级编码	代表性语句
A1 证实	B1 逻辑诡辩	C1 定罪定性	飞哥说:低价没有罪,你误导消费者有罪
		C2 偷换概念	白糖水喂蜜蜂产出来的不也是蜂蜜
		C3 转移重点	什么时候能做到俄罗斯那样的食品级别,还用得着你在这里说话吗
			你有没有统计过自助餐里用的肉到底是什么肉,有没有统计过低价产品中到底有多少科技成分
	B2 事实呈现	C4 直接经验	我之前去学过麻辣烫,人家老师教放香精,那个培训中心还卖添加剂
			我家是搞餐饮的,刚开始自己熬的费时费力,最后用上了鸡汤膏,一勺搞定,最后我爸良心不忍全给扔了。还是自己熬的,但是没有生意了
			我是做过两年餐饮的,我只想说一句话,能在家里面吃就别去外面吃
		C5 间接经验	让我想起来之前微博上的一个事情,大致就是有女生发现某宝上有大量低价卫生巾,平均下来一张不到 1 块钱,就找发出来谴责说是危害女性健康,品牌也站出来说我们产品都是合规通过检测的,但一开始根本没有人听,咬定了他们生产假冒伪劣产品,然后实际上真的有很多人是只能用得起这个廉价商品,后面才有大 V 站出来表示消灭这种产品对消费能力弱的人群不友好,才慢慢平息的
			一分价钱一分货,自古以来的道理
			老话说,只有痴买的,没有痴卖的
			有一个很大的火腿肠公司被爆出来大量从国外进口僵尸肉来制作

续表

三级编码	二级编码	一级编码	代表性语句
A2 证伪	B3 质疑程序正义	C6 质疑检验结果	其他的不说,就说蜂蜜合格率 98%,我不知道是怎么来的
		C7 质疑检验过程和方法	蜂蜜检验是不是现场抽检
			为什么不能每一个商品上市场之前都送检呢? 这个很难实现吗
		C8 质疑检验标准	蜂蜜合格检验标准是否存在问题
			所谓符合国家标准,这个标准真的对身体无害吗
	B4 质疑主体	C9 质疑利益勾连	是动了你的蛋糕了吧? 要么说你的橱窗里怎么下架得只剩下十种商品了
		C10 质疑身份	确定这个是官方? 橱窗挂那几款东西也挺科技与狠活儿的,别活不起了"张总"
			一个食品报,总在做生意,你能且有资格代表中立的言论么
	B5 质疑逻辑漏洞	C11 质疑转移重点	真是避重就轻,理解能力太差,别人关心的是什么低价,有罪论么
			飞哥并没有说所有的低价的都是有问题的,他只是举了几个确实低价有问题的例子
			这博主(辛吉飞)故意的,把少部分说成大部分,把可能说成肯定,这都是营销号的基本操作
		C12 质疑定罪定性	他说的这几个确实是有科技与狠活的啊。你急了,给人家扣帽子就不对了
			我认为人家只是对于价格便宜到不正常形象的商品可能存在一定问题,不应只拿着这一句话或一件事来给他人否定定论,
		C13 质疑偷换概念	低于原材料价格的呢? 别扯淡行吗? 这跟车、枕头、羊毛衫能类比吗
			拿 1 万元钱的汽车和羊毛衫做例子这不是纯纯的偷换概念吗? 5 角钱的肠,说实话如果用正经方式连最基本的材料成本都收不回来呀,但是你羊毛衫也好、汽车也罢,材料成本本身不高,加上这不是吃的,和吃的有本质上的区别

续表

三级编码	二级编码	一级编码	代表性语句
A3 其他	B6 未使用论证框架	C14 保持中立	咱还是让子弹飞一会儿吧
			双方都有一定道理,大家还是理性一点
			你说你的他说他的,我觉得你说的对,他说的也没错
		C15 理性探讨	大家也都是成年人,科普是一件好事,我相信大家也会有一定的判断力
			个人感觉太过神话辛吉飞了,但他曝光假货是应该支持的
			我非常反对低价有罪论。如果在消费者的思想当中,把价格和质量直接画等号,那无异于抹杀掉了新品牌和没有品牌溢价但有技术改革的新产品的成长的过程,这种价值观是对消费者、对市场、对生产厂商三方都有极大问题的
		C16 情绪宣泄	能吃好吃你吃吧,让你全家都吃
			你算老几啊
		C17 表态站队	一直看张总的视频,价值观一以贯之、契合、支持
			支持张总
			已经拉黑
			这次我站飞哥
			支持飞哥!支持飞哥!支持飞哥!支持飞哥!支持飞哥!支持飞哥!支持飞哥!

根据对中食报、辛吉飞所发布的视频内容和中食报评论区文本的逐级编码分析后发现,这些不同的意见主体的论证框架能够通过对文本的不断分析提炼出来,最终提炼出“方法论-论证框架-论证具体手段”为主线的概念框架,以揭示多元传播主体在对话语境下的框架关系。

3 研究发现

经过上一阶段的编码分析,本文提炼出了中食报、辛吉飞以及网络受众三个不同意见主体的论证框架,接下来对其分别进行阐述。

3.1 中食报视频内容中的论证框架

通过对中食报所发布的视频作品内容的逐级编码可以发现,中食报为了达成说服目的,有效传播食品安全科普内容,其内容的具体论证手段即论证框架主要体现为质疑逻辑漏洞、事实呈现、权威引用、检验论证、质疑主体和建立一致,从而实现对食品安全谣言的错误性和自身内容论证的正确性的证明。

从科学哲学的视角来看,中食报通过证实与证伪两种论证逻辑来进行其理论验证[17]。“证实”即通过列举经验事实等实现对内容的归纳性论证。在中食报所发布的视频中,其往往通过各类案例的剪辑画面进行客观事实的呈现,并通过列举专家解读、法律法规、专业报告、国家标准等事实依据,辅助送检行为和抽检报告等经验事实来论证其观点的正确性。与此同时,中食报还通过对虚假信息发布方进行道德谴责等话语表达,明确其与消费者一致的立场方向,使其内容论证的可信度和对用户的吸引力大大增强,保证了科学框架的输出效果和传播范围。

“证伪”则是通过与证实对立面的方法去证明内容陈述的不正确性。波普尔认为,科学理论只有通过检验或者证伪,才能够确认其科学性[18]。在中食报的视频内容中,其首先运用的论证框架即通过列举虚假信息的逻辑漏洞、质疑主体的专业性与权威性来论证虚假信息的不可证伪性。如中食报在视频内容中常常以“偷换概念”“断章取义”“以偏概全”等话语指出其论证逻辑的错误,强调谣言信息的不确定性和不正确性。

3.2 辛吉飞视频内容中的论证框架

通过对辛吉飞所发布视频内容的逐级编码分析后发现,辛吉飞主要采用了逻辑诡辩、事实呈现两种论证框架,其根本的论证逻辑为“证实”。抛却辛吉飞高度风格化的视频表演行为来看,他在通过文本叙述论证其观点的过程中,更多地使用了个体经验和行为验证等以经验事实论证观点的手段,通过呈现与其观点一致的经验事实来佐证观点的科学性与正确性。与此同时,辛吉飞在视频内容中频繁出现“其实市面上根本没有不带肉的淀粉肠”“炸鸡排都是边角料压制”等逻辑诡辩话语,并将其巧妙地隐藏在煽动性、戏谑性的表演风格与话语情绪之中,以嘲讽玩笑式的语态讲述观点,看似以“内行人”无所不知的姿态抛出“明眼人都知道”的事实,实则以逻辑诡辩式的情绪化输出强化了大众对于添加剂、低价食品的刻板印象。

3.3 中食报视频评论区用户的论证框架

在对中食报评论区文本的编码、分析后发现,网络受众在表达自身观点、立场时采用了逻辑诡辩、事实呈现、质疑程序正义、质疑主体、质疑逻辑漏洞五种论证框架，也采用了证实、证伪两种论证逻辑。在“证实”逻辑下，网络受众往往通过借助个体的直接经验与间接经验来实现“自证”和“他证”，以事实呈现和逻辑诡辩等论证框架证明其所说观点的正确性。如在“直接经验”的事实呈现中，评论区用户多以“我之前去学过麻辣烫”“我家是搞餐饮的”等经验事实作为论据，以此来强化“使用添加剂有害”这一论断的可信度。

在“证伪”的论证逻辑中，用户在评论区不断地以反面案例提出质疑，通过质疑程序正义、质疑主体、攻击逻辑漏洞来证实中食报所提观点的错误性，同时还会以辛吉飞的实验过程作为重要论据反复进行自我正确性论证，并以中食报的部分视频文本为反向论据以此证明中食报主体的瑕疵性、论证的偏颇性以及观点的错误性。如评论区用户在质疑中食报论述存在逻辑漏洞时曾使用中食报在视频以“1万块钱的汽车和羊毛衫”为例证进行反驳，质疑其偷换概念。此外，评论区用户还使用中食报以往辟谣的关键性论据——主体专业性，反过来对中食报进行专业性质疑，如以“科普号怎么还挂链接啊”“官方号居然做生意?”等言论来论述中食报视频主体的非专业性。

除此以外，中食报视频评论区文本中也充斥着大量未使用论证框架的讨论发言，从其内容来看可以分为保持中立、理性探讨、情绪宣泄和表态站队四种类型，这些发言往往只输出观点，不进行自我论证，并且更多的是无意义的“站队式”发言和情绪性宣泄。

3.4 三者论证框架对比

框架理论认为，各意见主体作为“社会行动者”，其“话语、行动和互动是相互关联的整体”[19]。中食报、辛吉飞以及网络受众作为不同的意见主体，在其自身身份、立场、利益等因素的影响下都试图通过输出自己的话语体系来获取更大程度的认同。在输出话语体系的过程中，中食报作为主流媒体，其所掌握的专业知识与传播技能都能够保证其论证框架的先进性与话语体系输出的强效性。此外，从时间序列来看，中食报作为转型之中的主流媒体，其在各个平台上所发布视频的时间可以追溯到2021年4月。在辛吉飞掀起食品添加剂波澜之前，中食报就已经凭借其主流媒体积攒的公信力和完备有力的论证框架获得了不少的粉丝关注与专业认可，在食品安全科普的短视频流量池中占据了极其有利的“先机”。但短视频时代，以辛吉飞为代表的短视频博主们掌握着更加直击人心的对话论证方式，在短时间内依靠以极具个人特色的表演方式和语言表达积累了大量的忠实粉丝。作为主流媒体，中食报的论证方式显然保留着传统媒体的说服特色，并以完备、具体的论证框架凸显论证的中立与客观,但在此次“科技与狠活”的论辩之战中却并没有取得上风。有研究表明,社交媒体时代新颖、极端、情绪化或夸张的主张往往比中立、客观的内容更能引发平台用户的关注[20]。对于“食品添加剂”,大众仍大多陷于“食品添加剂有害于身体健康”的观点桎梏,并且在认知偏见的影响下根据虚假信息做出了因果推论[21]。在这场论辩之中,辛吉飞等短视频博主以夸张演绎和情绪输出获取了更多的关注,其所输出的话语观点也因更契合网络受众的经验判断获得了更高程度的认可。因此,在大众对“科技与狠活”的一致声讨中,中食报的逆流而上并未能够取得纠正错误信息的预期效果,其通过视频表述的纠正性观点与人们对于“食品添加剂”所持的固有观点完全相左,且并未向大众提供进一步的因果解释,这反而会进一步加深人们对于虚假、错误信息的信任[22]。

在此次事件中,大众对于“食品添加剂”的恐惧和焦虑在对辛吉飞等短视频博主的夸张演绎的广泛关注中集中爆发,转发视频、发布评论的方式能够帮助大众缓解相关负面情绪,佐证观点和表达怀疑[23]。因此,有大量的评论在中食报的视频评论区中出现。通过对网络用户的评论文本分析后发现,其在评论区文本中所建构的论证框架更大程度上借用了中食报以往的论证框架并通过更换对象等论证手段来证明中食报所传达观点的错误性。蒲信竹和王新雨[24]曾在对科普视频文本和其评论文本进行框架分析、对比后发现两种框架既有重合又有错位,并出现沟通失灵的现象。从中食报与网络受众各自建构的论证框架来看,两者使用的总体论述逻辑是一致的,所采用的具体论证框架也高度相同,但两者所表述的总体观点却是截然相反的。

从三者论证框架的对比可以发现,网络受众在论证其自身观点时也更多地采用多元、丰富的论证手段,并以辛吉飞的观点来佐证自身的论证,与此同时使用中食报所建构的论证框架对中食报进行反向的观点论证和话语输出,这种片段化但持续不断的评论内容在质疑、谴责中逐渐消解了中食报论证的融贯性,中食报以往的论证框架在受众对其框架挪用、对抗论证的过程中逐渐消解了原有的效力。

4 结　　语

从三方论证框架的分析与对比结果来看,如果不把公众仅当做是衡量科学内容传播效果的工具而是具有一定能动性的行动者来看待的话,科普辟谣主体输出的意义框架的论证效力并不是从一开始就决定了的,而是在与其他多元主体的“对话”过程中逐步确定的。

不可否认的是,虽然公众较之过去已经具有了相当的话语能力,从难以发声到可以发声、从简单的判断与情绪表达到有一定逻辑的论证,但较之于关键传播主体,公众仍然是文本意义生产的弱势者。德勒兹指出现代知识体系是中心化、等级制的,意义生产能力的强势者始终占据着话语权力的中心,并且这种权力关系很难通过知识自上而下的赋予逆转[25],德·塞尔托也指出,权力不断向日常生活渗透的同时,人们只有进行“避让但不逃离”的“抵制”,通过迂回而不是暴烈的革命方可完成抵制[26]。詹金斯认为那些在文化上的无权者、依赖者依然具有别样的能动性,即对主文本进行“盗猎”,主文本的中心性使得文化无权者可以像游牧民掠夺一般,掳走读者自己想要的文本,并进行进一步地意义创作[27]。

笔者认为在此次的科学争议中,“文本盗猎”还不能够准确地描述实际上发生的事情。从三者的框架对比中可以看出,文本的字面意义对于三者而言都不是变动不居的,真正构成了“抵抗”的并不是“假蜂蜜”“添加剂”“毒牛奶”这些名词,而是观点的输出模式即论证框架。论证框架决定了文本的合理性程度,但不能根本性地决定是否为其读者所接受,盗猎者不仅仅盗用了强势者的文本,更在试图表达自己的看法时盗用了强势者为他们制造的论证框架。尽管“掌握文化接受的工具…不能完全替代对文化生产和分配工具的掌控”[28],受限于表达空间和表达能力,盗猎者并不能(也没有必要)完整地盗猎主文本全部的框架,但你一言我一语煞有介事的质疑制造了一个看似合理并与主文本针锋相对的文本,表面的“都有道理”如秃鹰分食般消耗了强势文本的论证效力。因此本文认为这种行为并不是“框架挪用”“文本盗猎”,而是“框架盗猎”,是有意识地攫取主文本中具有强论证效力的论证框架中的片段或大部分,根据主体自身所需,正用或逆转其论证指向的行为,当其生产出的文本与主文本碰撞后,双方的论证合理性都会遭到削弱。

框架盗猎对于科学内容辟谣而言是一种行动上的难题。科学恰恰要打破常识上的误区,要用理性结论论证“貌似正确”的合理性结论的错误,这就会使得读者或多或少地感受到与经验背离的不融贯。我们没有任何理由乐观地预计读者会在读到科学的论证后就必然赞同科学的论断,但没有论证框架就无法将正确的科学知识传递出去,因此主文本的论证框架将始终处在被盗猎的可能性中,而盗猎的后果也正如前所述,未必是产生赢家-输家,而是使科学议题本身彻底丧失在舆论争议的漩涡之中,而关于科学议题的澄清与质疑都在疯狂的对立争辩中失去原有的效力。

参考文献

[1] 胡克非. “海克斯科技”,究竟伤害了谁[EB/OL]. (2022-10-03)[2023-06-11]. https://mp.weixin.qq.com/s/Ji7qCvpklX5odUHEIKqP8Q,2022-10-03/2022-10-11.

[2] 唐雪梅,赖胜强.突发事件中政府对网络谣言的辟谣策略研究:以太伏中学事件为例[J].情报杂志,2018,37(9):95-99.

[3] 熊炎.辟谣信息构成要素:一种整合框架:二战以后西方辟谣实证研究回顾[J].国外社会科学,2015(1):78-88.

[4] 王超.辟谣何以失灵?:一个信息传播效果视角的解释框架[J].情报杂志,2019,38(5):123-129.

[5] 托德·吉特林.新左派运动的媒介镜像[M].张锐,译.北京:华夏出版社,2007.

[6] 曾繁旭,戴佳,郑婕.框架争夺、共鸣与扩散:PM2.5议题的媒介报道分析[J].科技传播,2014,6(2):173-178.

[7] 吴文汐,王卿.失衡的镜像:网络视频中争议性科技的媒介框架:以优酷热门转基因视频为例[J].新闻界,2017(2):59-66,88.

[8] 张迪,童桐,施真.新媒体环境下科学事件的解读特征与情绪表达:基于新浪微博"基因编辑婴儿"文本的框架研究[J].国际新闻界,2021,43(3):107-122.

[9] 杜志刚,王军.国外科学传播实证研究综述:内容、框架与范式[J].自然辩证法通讯,2015,37(3):110-116.

[10] 黄文虎.符号学视野下的广告"述真方阵"[J].华侨大学学报(哲学社会科学版),2020(2):127-139.

[11] 王路,尚兹,霍维奇,等.真与意义理论[J].世界哲学,2007(6):46-70,77.

[12] 李主斌.符合论VS融贯论?[J].自然辩证法研究,2011(9):15-20.

[13] 李玮,蒋晓丽:从"符合事实"到"社群真知":后真相时代对新闻何以为"真"的符号哲学省思[J].现代传播(中国传媒大学学报),2018,40(12):51.

[14] 赵毅衡.文本内真实性:一个符号表意原则[J].江海学刊,2015(6):22-28,238.

[15] 李玮,沈玉莲.新闻何以为"假"?——兼论符合论、融贯论与社群真知论之于新闻证伪的作用机理[J].新闻界,2019(7):16-24.

[16] 杨保军.论收受主体视野中的新闻真实[J].现代传播(中国传媒大学学报),2017(8):25-28.

[17] 周昌忠.西方科学方法论史[M].上海:上海人民出版社,1986:258-338,342-367.

[18] 卡尔·波普尔.科学发现的逻辑[M].北京:中国美术学院出版社,2008:12,16-17,31

[19] 刘琼晓.网络热点事件中媒体、政府、网民三方微博的框架争夺[D].西安:西北大学,2015.

[20] Tully M, Bode L, Vraga E K. Mobilizing Users: Does Exposure to Misinformation and Its Correction Affect Users' Responses to a Health Misinformation Post?[J]. Social Media & Society, 2020,6:4.

[21] Nyhan B, Reifler J. Displacing Misinformation about Events: An Experimental Test of Causal Corrections(Article)[J]. Journal of Experimental Political Sci-

ence, 2015,2(1):81-93.

[22] Shao C C, Luca C G, Alessandro F, et al. Hoaxy: A Platform for Tracking Online Misinformation[C]//25th International Conference on World Wide Web, 2016:745-750.

[23] Ji J J, Chao N P, Wei S T, et al. Microblog Credibility Indicators Pegarding Misinformation of Genetically Modified Food on Weibo[J]. 2021,16(6): e0252392.

[24] 蒲信竹,王新雨.科普短视频的框架竞争和话语对抗:基于《关于新冠肺炎的一切》的评论分析[J].传播与版权,2021(11):60-63.

[25] 冯俊.后现代主义哲学讲演录[M].北京:商务印刷馆,2003:526-528.

[26] 练玉春.开启可能性:米歇尔·德塞都的日常生活实践理论[J].浙江大学学报(人文社会科学版),2003(6):146-148.

[27] 亨利·詹金斯,杨玲.大众文化:粉丝、盗猎者、游牧民:德塞都的大众文化审美[J].湖北大学学报(哲学社会科学版),2008(4):65-69.

Frame Poaching: The Action Dilemma for Refuting Food Safety Information Rumours

Pan Chuhan, Ma Congao

School of Journalism and Communication, Hunan University, Changsha 410082

Abstract When pointing out that the content of highly stylized videos of food counterfeiting exposing by self-publishers such as "Xin Ji Fei" for rumor refuting, "Chinese Food New Media" (CFNM), has considerable authority, and it has achieved the mainstream view of academia that macroscopic attention should be paid to "Subject""Time" Channel and Content, and the Scientific, Easy-to-Read and Emotional Repudiation of the content on the micro level are still met with strong resistance from public opinion, and the public even used the rumor refuting method of CFNM to attack return. This paper argues that in a context where multiple subjects are involved in communication, disinformation is no longer a one-way "transmission-reception" relationship, but rather a constant dialogue process between the public and the subject about rumours and disinformation. Therefore, this paper uses the Nvivo qualitative research tool to compare the argumentative frameworks of the video texts of "China Food News" "Xin Ji Fei" and the texts of the relevant comment sections. In the course of the rumor refuting process, the public partially appropriates and reverses the authoritative argumentative framework by means of "frame poaching", rendering the original strong argumentative framework almost invalid. In the process of correcting scientific disinformation, it inevitably involves the refutation of pseudo-rational understandings that are apparently coherent, and this argumentative framework is inevitably at risk of being poached, it constitutes the action dilemma for refuting food safety information rumours.

Key words scientific information; rumor-refuting failure; frame poaching rumor-refuting; Nvivo

作者简介

潘楚含,河南灵宝人,湖南大学,2021级硕士生,研究方向:新媒体与网络舆情。E-mail:2584007197@qq.com。

马聪骜,江西九江人,湖南大学新闻与传播学院,硕士研究生,研究方向:新媒体与网络舆情。

美国后真理社会中的科学传播探析

郭佳楠[1)2)]　赵　姗[1)]

1）郑州工商学院马克思主义学院，郑州　450000

2）中国人民大学数字人文研究中心，北京　100872

摘　要　科学与非科学、政策制定者与公众之间的边界设置与沟通交流自20世纪末便成为科学社会学中所关注的热点问题。然而，在当前后真理的政治与媒体环境中，公众对科学事业的不信任和对科学知识的误解越来越少地源于沟通技能，而更多地源于误导性与偏见性信息的广泛传播，错误的沟通技能已经不再是科学传播所面临的核心问题。本文以近几十年来媒体环境中发生的深刻结构变化为参照，通过对后真理概念的现有解释路径的提炼，阐明了后真理时代当前美国科学传播的现实背景，指明美国媒介在进行信息传播中盛行的激烈党派冲突、隐性的党派及意识形态偏见、政治两极分化和出于政治动机的党派推理是其科学传播系统及要素和面临的主要困境。因此，强化科学传播主体的责任、重视政治传播与科学传播的结合、将科学传播纳入国家治理体系都是有效化解后真理社会科学传播现实困境的重要途径。

关键词　后真理；科学；科学传播；媒体；政治；党派偏见

1 引　　言

在当今支离破碎、两极分化的后真理媒体环境中，公众对政府以及其他社会机构的信任逐渐下降。不断出现的有争议的科学议题，昭示了科学不确定性的存在，也引发了公众对科学的不信任[1]。自2012年以来，各种科学信息、新闻信息快速传播，往往真假难辨甚至时常发生反转新闻，使受众被信息迷惑，情绪宣泄重于事实真伪的后真理科学传播接受行为在这种状态下也成为一种显著现象。美国国家科学院（NAS）举办了一系列科学传播学（Science of Science Communication）的座谈会，旨在探索使科学家能够更有效地与公众沟通的策略和实践。尽管这些座谈会的目的很明确，即不断提高科学家与公众沟通的技巧和能力，但事实上，在当今后真理的政治与媒体环境中，沟通技能的缺陷已经不再是科学传播的核心问题。

总之，后真理时代下的媒体与政治环境在过去三年中发生了巨大变化，本文从“后真理”这个对传统科学传播研究产生颠覆效应的概念入手，通过对西方党派冲突与矛盾、党派偏见、政治两极分化、党派动机性推理等近年来西方政治领域相继出现的问题和实践的梳理与分析，指出其给科学传播带来诸多改变，导致传播品质下降和传播效果不佳等负面效果，从而为我国学界探索“后西方、后秩序、后真理”时代背景下科学传播理论框架的重建和研究路径的重构提供借鉴和启迪。

2　后真理时代科学传播的背景解读

2.1　后真理的概念辨析

“Post-truth”（后真理）最早见于美国《国家》杂志在 1992 年发表的一篇关于海湾战争的文章，被赋予“情绪的影响力超过事实”的语义。将“后真理”推向《牛津词典》年度英文词汇的决定事件是英国脱欧和美国总统大选，两场事件带给人们的共同观感是：在形塑公共舆论上，诉诸情感（emotion）和个人理念（personal belief）可能比客观事实更加有效。基于此，“后真理”一词常被列为哲学与政治学范畴，指“共同的客观真理标准的消失”和“事实及另类事实、知识、意见、信念和真理之间的迂回滑移”。于是，后真理在传统科普、公众理解科学和科学传播的三个阶段中，开始诋毁“体制性”科学的真理、理性与成功，让气候否定论、疫苗怀疑论者等伪科学公开站出来与主流科学抗衡。

长期以来，科学传播一直关注如何将科学知识正确传递给公众，以实现公众对科学态度的转变，该研究思路被称为科学传播的缺失模型。然而，许多实证研究证明公众的科学知识与其对科学的态度之间没有必然的正相关关系，科学缺失模型因此备受批评。作为一种替代性思考思路，科学传播开始转而关注“情绪”与“情感”诉求的研究。尤其在后真理时代中，信息技术更新加大了信息复杂和不可控因素，社交媒体兴起导致了科学信息传播方式交织和传播内容重复，传统媒体在传播科学知识时逐渐丧失公信力，这进而导致科学流言与假新闻不断影响受众并歪曲真相，误导性与偏见性信息被快速传播，最后改变公众的科学认知与态度。

2.2 后真理社会:一种新的社会形态

普通人都能感受到,我们这个时代无论科学技术、物质生活还是社会生活与观念,都在急速变化,处于一个深刻的大变局之中。无论社会媒体还是各阶层的领导者,都开始越来越多地关注周围的"真相"是如何被赋予价值并重塑。另外,网络化则使人人都成为信息发布者和传播者,它正在瓦解真相,削弱共识——这些担忧引出的一个关键问题是:人类是朝着"后真理"社会前进,还是现在正生活在"后真理"社会之中?

本质上,后真理社会是一个观点比真理或真相更重要的社会,特别是当真相可能与人们想要看世界的方式相反或者与其以往看待世界的方式相悖的时候,导致人们的行为更多的是被话语而不是事实所支配,整个社会系统更加依靠社会心态及其承认程度。在这一特定的社会情境下,更准确地说,真理或真相指的是客观数据和可核实的信息。

生活在这样一个后真理社会中,某个观点或人为的"事实"凌驾于客观事实之上,这对一个健康的社会和治理体系来说是一个严重的威胁。尽管人们可以想象在短时间内隐瞒信息可能是合适的,但经常性隐瞒、歪曲或扭曲真相的做法不能成为健康社会的常态。一个健康的社会应该建立在有原则的、基于证据的信息传播、诚实的政府和领导人这个基础之上。然而,遗憾的是在现代的社会文化与信息传播中,事实似乎在许多场合都被破坏了,我们的社会已经变得如此两极分化,以至于当事实堆积起来有利于一种观点时,持相反观点的人就无法忍受另一方是正确的。比如,一贯标榜自己是"民主"化身的美国。因此,我们今天所处的后真理社会,更多的是被种种后现代价值预置了世界景象。

在科学传播领域,后真理社会是一个新闻化和网络化的社会。后真理并非指不存在或不承认真相,而是指我们已经生活在这样一个世界中:即使我们认为存在并承诺真相,我们也已经置身于各种铺天盖地、纷至沓来、令人眼花缭乱、目不暇接的信息和图像乃至于乱象的世界中。真相的确就掩藏在这一表现性的社会中,以至于要抵达真相,就不得不放弃求真而放任于各种表象世界。在这一意义上,作为民主社会中的参与者,人们更应该在科学信息生产与传播的过程中保持清醒,将个人的意见或偏见放在一边(即使是暂时的),以便更清楚地看待问题并尽可能客观地评估信息,摒弃过度党派偏见的影响,避免被卷入"个人真相"的漩涡。

2.3 信息战之路

20 世纪 70 年代及以前，人们获得相关信息的来源普遍较少，信息传播只能通过少数的报纸、杂志以及电视广播等媒介来进行。以美国为例，尽管全国全年约有 1745 份日报，其累积发行量约为 6200 万份，但实际报道的机构主要由两家通讯社（美联社和合众国际社）以及一些全国性的知名报纸（纽约时报、华盛顿邮报、华尔街日报和洛杉矶时报）组成，并且国内和国际新闻的每周摘要也仅由三本杂志社出版：即《时代周刊》《新闻周刊》《美国新闻与世界报道》。此外，当时的广播新闻由三家公司电视网（美国广播公司、哥伦比亚广播公司和美国全国广播公司）所主导，而这一主导地位刚刚开始就受到公共网络的挑战[2]。同时，各大广播公司也都向公众提供着大致相同的信息。然而，1987 年联邦通信委员会取消了从未适用于有线电视频道的公平原则，使得广播和电视广播公司不再需要以实事求是和诚实的方式呈现新闻。这一政策变化为信息传播中带有意识形态偏见的内容打开了大门，广播新闻的数量也迅速发展壮大。

此外，国际间的信息战并未随着冷战的结束而停止。在“一超多强”的国际格局中，美国建立了政治、经济、文化、军事等软实力与硬实力方面的霸权地位。1996 年，随着美国《电信法案》的通过，它进一步允许私营公司在全国拥有多个电视台与广播电台。这不仅促使如清晰频道通讯公司（Clear Channel Communication）、iHeart-Media 电台、辛克莱广播集团（Sinclair Broadcasting group）等大公司不断地收购全国各地以前独立的电台，而且也使得受意识形态启发的脱口秀主持人激增，可以说，媒体已经成为美国未来走向后真理时代建构其科学传播及文化软实力的重要工具，国际间的科学信息流动呈现出从以美国为首的西方国家单向流动至世界其他国家的态势，这构成了美国科学传播的一部分，也成为美国开展信息战的重要资源。

2.4 真相、谎言与互联网

从 20 世纪 90 年代开始，互联网成为了新闻与信息的主要提供者。在这个不断膨胀的虚拟世界中，出现了大量的代表着不同新闻报道和观点的网站，它们在不同程度上忠于事实与逻辑。根据美国 Aelieve Digital Marketing 的调查显示，如今最受欢迎的自由派网站是美国有线电视新闻网（CNN），而保守派网站中排名第一的则是福克斯新闻网（Fox News），政治真相网（PolitiFact）的数据显示福克斯新闻网 59%的断言大多或全部是错误的；美国有线电视新闻网（CNN）对此的调查数据为 27%，对于一家全国性的新闻机构而言这个比例是很高的[3]。

这些具有替代性的互联网新闻平台的力量正在被互联网“巨魔”和自动程序不

断放大[4]。这个“巨魔”作为演员,正通过利用社交媒体在网上传播具有煽动性的、往往是虚假的信息,从而挑起社会争论,扰乱人们的情绪,并在用户中制造混乱。其中,许多“巨魔”实际上是伪装成人类的机器人自动账户——它们能够通过编程在在线社交网络中快速传播虚假与误导性的故事。据统计,大约9%到15%的Twitter账户是机器人,Facebook估计目前有多达6000万个机器人账户对其平台进行着控制与监测;2016年,约20%的关于总统选举的推文是来自机器人账户[5]。

此外,为了吸引用户继续点击,算法会识别与过去消费内容相似的内容,只是这些内容更为狭隘与古怪,从而逐步缩小用户看到的信息和主题范围[6]。这些例行程序越来越多地依赖机器学习来实现过程的自动化,并将用户推入一个更极端观点的漩涡中。通过这种方式,“鉴于其10亿左右的用户,YouTube很可能成为21世纪最强大的激进化工具之一”。[7]一般而言,进入互联网的误导性信息会以三种重叠的形式出现:假新闻——这是一种模仿主流媒体内容而捏造的信息,但它实际上旨在传播谎言而不是真相;错误信息——传播的虚假或误导性信息,以至于引起社会恐慌和混乱;虚假信息——以欺骗为目的而传播的虚假信息。正如大卫.M.J.拉泽(David. M. J. Lazer)等人[8]在《假新闻的科学》中指出的,当前网络空间中传播的假新闻、错误信息和虚假信息的数量正在迅速增加,部分原因在于“黑钱(dark money)”的影响力不断上升,这些资金来源不明,并通过赞助“巨魔”与机器人账户来制造混乱,从而产生社会信任危机。

一直以来,虽然科学家群体更愿意摆脱党派政治的控制,但不少蓄意破坏公众对科学信任的相关做法却主要来自政治派别的右翼。例如,在美国最具影响力和效力的政治组织之一就是繁荣美国人协会(Americans for Prosperity),这是一个由戴维.科赫(David Koch)和查尔斯.科赫(Charles Koch)两兄弟共同资助的保守派政治组织,它旨在市场活动中促进降低税收与减少政府监管。正如该组织主席蒂姆.菲利普斯(Tim Phillips)所言,“大多数候选人开始意识到科学知识及其传播已经变得政治化……这对共和党候选人来说意味着,如果你……购买绿色能源……那么你这样做是在冒政治风险。参与[共和党]提名过程的绝大多数人——大会和初选——都在怀疑科学。”[9]

3 后真理时代的科学传播:理论溯源、内涵透视与基本表征

科学传播活动不只是科学界为了实现自己目的的一种手段,也不是国家意识形态的一种一厢情愿的单向活动,而是文化建设和塑造活动[10],其表现形态则是政客

们以及相关的舆论主体对科学现象和科学问题等客体所形成的公众意见导向。后真理的科学传播生产的滞后性和复杂性导致传播主体(科学家)公信力下降,成为西方媒体以主观意识形态偏见和政治歧视取代科学传播中的价值性和维护自身利益的重要手段。

3.1 理论溯源

当人们走进后真理时代科学传播的深处时就会发现,依赖于认识论中的后真理哲学观对科学传播造成的全媒体困境日益凸显,其思想深处是“三大主义”作祟。

第一是相对主义。从哲学理论上讲,相对主义是一种主张没有绝对真理,只有相对的理论类型。其共同的主题是:经验、思想、价值,甚至是实在之中的一些主要方面总是相对于其他东西而成立的,但原因却不清楚。在相对主义看来,世上并没有什么真理,何来对真理的孜孜以求?在这次“后真理时代”思潮的喧嚣中,相对主义又被一些科学传播学者从历史的垃圾堆中拣了出来,他们认为科学家在传播科学的知识、信息和研究成果过程中,真相从来没有直截了当地成为真相。

第二是唯心主义。在现代人的哲学思维中,唯心主义主张真理是主观的,主观唯心主义把真理看做是纯粹主观派生的东西,客观唯心主义把真理看成是人的意识和“客观精神”、宗教理论等的一致。在这次的“后真理时代”思潮中,一些自觉或不自觉地制造、参与和推动“后真理时代”思潮的科学传播主体和客体,不仅将唯心主义视为一种意识形态,更将其视为一种精神追求。

第三是实用主义。实用主义真理观把“有用”作为真理的根本属性,主张“有用就是真理”。实用主义是主观唯心主义的一个流派。“有用就是真理”的要害在于抹杀了真理的客观性,混淆了真理和谬误的界限,并会导致真理多元论。在“后真理”时代中,我们已经看到并体验到了民粹主义的政治家们在传播科学的过程中是如何打着“科学”“理性”“认知民主与平等”的旗号隐瞒真相、欺骗公众、操弄舆论和玩弄权力。

3.2 内涵透视

科学传播是指科技知识信息通过跨越时空的扩散而使不同个体间实现知识共享的过程。从传播学的视角来分析,在后真理时代中社交媒体的广泛应用使科学信息逐渐碎片化,假科学新闻、流言蜚语、偏见性信息呈现病毒式传播的趋势。相较于高高在上的主流科学传播主体与传播媒介,网民们更愿意依赖一个个“部落化小圈子”获得资讯,分享观点。然而由于“圈内人”拥有相似的价值观,致使他们每天得到的科学信息经由了“立场的过滤”,与之观点相左的科学理念逐渐消弭于无形。

从历史和哲学的宏观层面来看,后真理时代科学传播的发展与兴起也符合西方主流思潮从现代主义到后现代主义的总体演进趋势。根据现代主义的思想,在科学传播的进程中,文本、表征和象征都是封闭的体系,只能有唯一、准确和权威的解释。此外,后真理语境下的科学传播与以往相比呈现出新的特征,其一是传播格局复杂化,科学信息在短期内迅速膨胀增长,复杂的科学信息传播机制和技术的不可控性加深了复杂多元的媒介生态格局;其二是传统科学信息与知识生产模式的颠倒,大众在信息提供者与信息接受者之间的角色转换,科学信息传播方式的交织化和传播内容的重复性尤为突出;其三是传播内容发生变化,大众传媒时代的科技媒介创作受到广泛的重视,传统科学知识吸引力相对不足;其四是科学传播理念的重大转变,具体表现为传统科学传播的日渐衰微和社交媒体的发展不断壮大,公众被情绪化的声音胜过对事实的追求,后真理也逐渐渗透到了社会的各个层面。简言之,后真理时代的科学传播正是后现代主义引领下"对话新闻学"的重要体现,也是社交平台的兴起彻底颠覆西方传统科学传播理论的一个典型例证。

3.3 后真理时代科学传播的基本表征

"后真理"时代引发了真相探寻的隐忧,互联网将科学传播范式从"广播"转变为"窄播",即逐渐实现了科学信息的个性化与信息来源的多元化,但这并不意味着在互联网空间中形成并传播的信息就可以被认为是正确的。随着"远程民主""数字民主"等新的虚拟公共领域的涌现,从形态、主题、内容和话语等多方面形塑出与"后真相"时代科学传播相适的多重表征。

3.3.1 传播主题:政治性与碎片化的有机嫁接

"后真理"时代科学传播的非选择性破坏了传统大众媒体和记者作为"守门人"的角色,转而诉诸碎片化的网络叙事,选取社会热点、难点、争议和突发问题为主题,意图以碎片化的外在表征掩盖其内在的政治指向。尽管这种传播过程表面上意味着民主化潜能的发挥,但它也意味着表达彻头彻尾的事实错误和毫无根据的观点的可能性,特别是在涉及科学的时候。虽然科学本身是一种民主与自我纠正的机制,但信息提供者的信誉在认可科学知识的过程中显得至关重要。也就是说,信息来源必须是被标准和经验证的科学方法所证明正确的知识源。然而,事实上,"后真理"一词正被越来越多地用作解释新的社会现实,在这种现实中人们认为真实的东西与其直觉、兴趣和情感有关,即希望它是真实的东西。这种情况可能是有意识或无意识操纵的结果,而碎片化的信息传播不仅为制谣主体的造谣生事创造了特别肥沃的土壤,同时也为科学传播犬儒主义与政治阴谋论创造了一个合适的空间,并最终导致所谓的“恶世综合征(mean-world syndrome)”的出现以及相关培育理论所解释的其他感知扭曲的显现。

3.3.2 传播内容:不可访问性与分散性交织弥漫

在“后真理”时代,互联网的广泛使用往往使得大量未经选择的科学信息在传播过程中具有不可访问性与分散性,甚至在某种程度上这些信息的传播可能有助于公众接受非科学或伪科学的信仰。为了掩饰其虚假性或隐藏利益,信息传播主体惯于通过未经验证、真假拼凑等方式制造“逼真”的假象,使科学信息的内容呈现“非真”与“逼真”交织的特征。通常意义上,人们认为获取的信息越多越能消除不确定性因素,但实质上对量的追求会导致质的下降,同时由于某些特殊的原因,表面上量化的数据集合中可能存在呈现型数据的堆积,造成数据的不可访问性与不透明性,使得公众难以辨别出真正有利于社会生活的有价值信息。

3.3.3 谣言话语:结构化与煽动性双重发酵

结构化在此是指科学传播的信息在文本框架上惯用标题、正文、佐证和结尾等叙事结构,在行文体例上呈现相对固定的叙事风格。煽动性则是指传播中的未经验证的科学信息具有的影响受众情感意愿所体现的话语特性。“后真理”时代科学传播融通了结构化和煽动性的话语叙事,从而导致在某些颇具争议性的社会事件中有组织的规模化虚假信息传播,往往会比科学家传播主体和内容更具影响力和煽动性。应该说,这种由结构化与煽动性形塑的科学传播方式,往往具有跨地域、种族和文化的广泛影响,容易造成社会认知的混乱和群体对立,甚至直接引发社会动荡。

4 美国政党的两极分化:后真理时代科学传播面临的困境

在经典的社会心理学范式中,当可靠来源向接受信息与证据的目标受众提供强有力的论据时,就会发生有效的沟通。然而,在当前后真理时代的美国政党两极分化环境中,强大的政治身份会使不同党派将政治对手及其意识形态视为其生存威胁,从而造成科学知识在传播过程中的曲解。

4.1 党派冲突与矛盾的加剧

从 20 世纪 80 年代中期开始,美国全国选举调查(American National Election Studies,ANES)的数据表明,民主党和共和党不仅越来越不喜欢对方,而且还将很多虚假信息所产生的负面社会影响归咎于对方的支持者[12]。基于政党身份的群体外偏见调查指标数已经超过了基于种族、宗教、性别和其他重要社会分歧的可比指标数。因此,21世纪的前20年代表着一个政党两极分化的尖锐时代,在这个时代中,不同党派对对手的轻微厌恶已转化为一种更深层次的敌意。

在当前美国的后真理社会中,党派偏见是个人认同感的突出表现,主要原因在于:首先,这种认同感是在个人年轻时获得的,即使其周围的生长环境发生重大变化,但这种感觉却在整个生命周期中很少会发生变化;其次,政治运动——即表达个人党派身份的正式场合——在当代西方社会频繁出现并通常持续数月(甚至数年),这意味着政治运动期间个人将不断收到党派的相关政治信息。因此,在美国社会中普通公众通过政治棱镜来看待世界问题就不足为奇了。随着政党两极分化的加剧,使得政党身份进一步成为个人品质的试金石。人们似乎更喜欢与党派同僚交往,对党派对手的信任度逐渐降低[13]。

4.2 隐性的党派偏见

基于调查的党派影响指标的一个主要局限性是,它们是被动的,容易受到基于范式压力的故意夸大或压制。与美国种族、性别以及其他与群体相关的态度和行为受到强烈社会规范约束的分歧不同,这里没有相应的方法来缓和对政治对手的不满。如果有的话,那就是通过政治领导人的言辞和行动来表明,针对反对派的敌意不仅是可以容忍的,而且应是适当的。隐性测量产生了更准确的群体间偏见标记,因为它们比回答调查问题更容易操作。

后真理政治是一个封闭的政治共同体,并以“建构情感投资圈”“话语共同体”继而形成某种最终的范式。人们可以通过自己的事实性构建获得某种政治或政党认同,而这种政治或政党认同带来的满足感已超过了真实性,因而在科学传播中,后真理政治并不畏惧科学上或知识上的“真实性否定”。对此,政治科学家已经开发了几种衡量隐性或潜意识党派偏见的方法。其中,一个基于内隐联想测试(Implicit Association Test)的指标比较了不同党派将其象征符号与正配价项相关联的速度(例如,共和党大象或民主党驴与“精彩”配对)。结果表明,隐性的党派偏见普遍存在,如在美国70%的民主党人和共和党人对自己的政党表现出偏见[14]。基于根深蒂固的偏见使得人们能够更快、更少地将积极或消极配价术语与输入组和输出组联系起来,而这些措施的实施侧重于错误率与响应配对(例如,民主党+好和共和党+好)所需的时间。也正是由于这种隐性的党派偏见以及后真理政治中特定“认知”共同体的存在,从而促致不同党派在对科学狭隘的认知基础上,在普及以科学知识为目的的相应传播活动中,利用视觉化呈现和社会化传播特性放大安全风险,试图以夸张的言语表达和“真实的展演”制造轰动效应，引发社会恐慌。

4.3 美国政党极化加剧的潜在性解释

由于多种原因，在情感认同上美国政党两极分化在过去30年中愈演愈烈。特别是随着后真理时代的到来，首先，党派分歧与主要社会经济分歧之间的对立关系表现得更加尖锐。在美国，民主党是穷人、城市居民、妇女、非白人和世俗主义者的政党。相比之下，共和党人代表白人男性、农村地区、福音派和富人的利益。党派关系和其他群体依附的融合强化了“我们与他们对抗”的意识[15]。

其次，在美国后真理社会中，数字革命给媒体市场带来了深刻的变化。如今，美国不同党派都有充分的机会从那些对事件看法与他们的观点一致的提供者那里寻求支持信息。例如，今天的美国媒体市场包括数十个新闻来源，这些来源对问题和事件提供了明确的党派报道，其内容不受传统新闻或编辑把关的约束。尽管最具煽动性的党派网站只吸引了很小的市场份额（仅限于强大的党派），但随着脸书和推特这些大规模在线社交网络平台的出现，使得这些网站的报道有可能通过更大的二级受众得以传播。通过这种方式，两个党派都能够接触到相对“没有动机”的、党派动机较弱的个人[16]。

再次，政党两极分化加剧的另一个合理解释是美国社会同质化。在当今美国的后真理社会中，大多数美国民众都融入了政治同质化的社交网络，这意味着人们很少会遇到政治分歧。在核心家庭成员层面，配偶和父母与子女的党派归属一致性超过了75%[17]。许多职业规划中都显示出一种类似的党派多样性减少的趋势，这样人们在工作场所中遇到不同政治观点的机会也在不断减少，从而在某种程度上对社会经济的发展产生了消极影响，它尤其侵蚀了既有的民主秩序，助推了政党极化现象。

最后，党派身份与其他显著身份的强化、有选择地接触新闻提供者的机会增多以及“回声室（echo chambers）”在公众社交网络中的流行，都加剧了政党的两极分化。反过来，政党两极分化的一个严重后果是，不同党派更加积极地拒绝与他们的世界观相冲突的信息和论点。他们不是冷静地处理信息，而是诉诸有动机的推理，目的是保护自己的信仰和价值观免受外部威胁。这样一来，当科学证据与个人的党派忠诚以及利益相冲突时，它要么被驳回，要么被扭曲，从而阻碍了科学知识的传播。

4.4 基于党派动机性推理的相关证据

后真理时代，随着党派分歧的加剧，在很大程度上给党派忠诚相关的信仰与态度的一致性带来了更大的压力。明显的例子是,无论事态发展如何,当选的美国官员都会受到反对党派的反对与批评。尽管有证据表明,在特朗普就任总统期间,美国就业率和工资有显著增长,股市也迎来了繁荣,但他仍经常哀叹民主党人不断地对他的政策怀有敌意。同时,政党暗示(Party Cue)①已经变得如此强大,以至于即使他们政党提名的候选人有明显缺陷,也只有少数党派人士会在竞选期间选择背叛。

除此之外,党派一致性的压力也延伸到与个人的政党偏好没有明确关系的信仰与观点上。例如,当他们的政党执政时,其党派就对经济状况的评估更加乐观。他们还会通过认为同党更接近自己的立场而将另一党派的官员视为更接近意识形态的极端,从而扭曲了党内领导人的意识形态立场。与此模式一致,个人对政策问题的偏好往往也会遵循其政党所采取的立场。在所有这些情况下,不同党派都会遵循一个简单的规则:即最大限度地扩大党派群体内的偏袒与群体外的敌意。而一种极具风险的动机性推理形式使得不同党派更愿意相信所谓的"替代性事实(alternative facts)"[18]。虽然只有少数人始终表示愿意相信政治阴谋论和不可信的谣言,但在2003年美国入侵伊拉克之后,首次出现了在事实信仰方面的大规模党派偏见问题。伊战后,布什政府以萨达姆·侯赛因政权拥有大规模杀伤性武器为由而对其入侵进行辩护。萨达姆政权垮台后,很明显的事实是——并在媒体上广泛报道——入侵部队没有发现任何化学或生物武器的踪迹。尽管如此,大量共和党人仍然相信美国实际上已经找到了有问题的武器[19]。

2015年,美国有线电视新闻网(CNN)的一次民意调查中,对于"你知道巴拉克·奥巴马(Barack Obama)是什么宗教吗?"问题的回答,43%的共和党人回答是"穆斯林",而只有15%的民主党人坚持这一答案[20]。在特朗普的就职典礼上,这种错误信息导致的党派分歧被进一步放大[21]。由此可见,错误信念中的巨大党派差距与分歧导致党派内部更愿意接受其领导人提出的可疑主张。甚至在实验环境中,尽管公众能够获得反驳相关主张的可靠证据与信息,但是科学传播者在社会中广泛传播和普及科学技术知识的过程中受到党派动机性推理的影响,仍然会对证据存在误解。

---

① 政党暗示(Party Cue)是意见形成的核心,影响着公民的投票方式。但现有研究很少探讨公民如何将实际信息与政党暗示关联起来。此外,政党暗示与党派偏见有内在联系。在《美国选民》一书中,坎贝尔等人将公民的政党识别描述为一个自动化过程:"一个感性的屏幕,通过这个屏幕,个人倾向于看到什么将有利于他的党派倾向及利益。"这种党派偏见对民意的影响在美国的民意研究中得到了一致证实。

5 科学与动机性推理:以美国移民问题为例

近年来,美国移民问题已成为一个极具分裂、两极分化且日益党派化的议题,这是一个激烈的公共辩论的主题,这场辩论一直以来都充满了情感宣泄与夸张修辞,但唯独缺乏理性与事实。在很大程度上,“后真理”是以一种戏谑的方式践踏科学传播的底线,使得与移民政策相关的各种信息和结论被肆意扩散,失真的陈述被无限放大,加剧美国国内对外来移民的排外主义、种族歧视,侵害了不同种群的社会公共利益[22]。

根据皮尤研究中心(Pew Research Center)2017 年的一项民意调查,在美国 84%的民主党人同意“移民因其辛勤工作和天赋而促进了美国的发展”,但只有 42%的共和党人同意这一说法[23]。2018 年,皮尤研究中心的一项调查同样发现,90%的持自由主义观点的民主党人和 75%的持温和主义观点的民主党人认为移民犯重罪的可能性不比美国公民高,而 57%温和派和 40%保守派共和党人表示同意上述观点。尽管大量的调查数据表明,移民犯下的罪行比当地人要少得多,但移民与犯罪之间的党派关联性依然存在。此外,党派分歧也延伸到移民的经济影响上。尽管 88%的自由派民主党人和 79%的温和派民主党人同意移民大多从事着美国公民不想要的工作,但温和派共和党人和保守派共和党人对此问题的比例仅为 62%和 55%[24]。与许多国家科学院关于公共利益主题的报告一样,其出版以 9 月 22 日下午 1 点发布的新闻稿开始。该新闻稿总结了报告的调查结果,准确地指出“移民对本地出生的工人工资的总体影响非常小”;“几乎没有证据表明移民会显著影响本地出生工人的整体就业水平”;“移民对美国的长期经济增长具有总体积极影响”。虽然作为成年人,“第一代移民对政府来说成本更高,但移民的孩子们……是美国人口中最强大的经济与财政的贡献者之一”。[25]随后,这些结论在美国主流媒体上得到充分的反映,如在《纽约时报》的头条新闻写道,“新研究发现,移民没有抢走美国人的工作,”《华尔街日报》也指出,“研究发现,移民对经济的发展利大于弊。”[26]然而,这份报告作者不知道的是,在报告出版前就已经被秘密泄露给了布赖特巴特新闻网(Breitbart News)[27],而后这种准确且平衡的报道很快被来自右翼媒体网络的大量虚假新闻、误报和虚假信息所掩盖[28]。

最终,特朗普也加入到这场辩论中,在他的 2017 年国情咨文中声称“根据美国国家科学院的说法,我们目前的移民制度每年花费美国纳税人数十亿美元”,《华盛顿邮报》为此授予他三个“匹诺曹”。① 不少人注意到,“特朗普更愿意通过挑选数字来表达其特定的观点。但是,他从一份500页的报告中抽出一行,完全歪曲了复杂的发现”。[29]已有研究表明,尽管受到可信证据的反驳,错误的信念与信息是如何顽固地坚持,从而使得总统阵营中的许多人不太可能接受报告的实际调查结果;相反,他们很可能会保留并相信通过保守的博客圈传播的错误信息。

6 对我国科学传播困境的启示及经验借鉴

本文系统综述了美国后真理社会中科学传播所面临的挑战与对其的反思,进而提出在后真理背景下我国要以批判性思维,基于科学传播的理论创新以及专业领域的共性特征吸收适用于我国国情的典型经验。

6.1 强化科学传播主体的责任,提升专业素养

在后真理的媒体环境下,科学传播呈现出专业主体和非专业主体共存的局面,前者主要由专业媒体从业者和科研工作者构成,后者主要由自媒体从业者和个体传播者构成。

其一,对于专业媒体从业者和科研工作者而言,当代的科学传播亟需满足其受众的需求,从更广泛的意义上说,即应该承担起科学传播的社会使命。传播的质量取决于科学传播作为科学和社会之间负责任的中介的能力,以及它对两者的积极变化作出贡献的能力。这就要求二者通过提供各类数字媒介技术使用等相关培训或讲座,提升他们传播科学的新媒体技术应用能力。正如前文所述,科学传播的核心问题已不再是沟通技能,而更多地取决于传播过程中能否使科学知识变得可见、吸引人和被人理解,同时与公众保持有意义的互动。

其二,对于自媒体从业者而言,在进行行业约束和个人自律的过程中应坚持多样化标准。科学传播领域的多样性要求自媒体从业者在遵守网络社会规则和秩序时应采取灵活的方法。与不同的利益主体进行科学对话过程中,需要考虑到通信格式、主题和背景的具体情况,从平衡性、相关性与清晰性的视角主动营造健康的科学对话环境,持续关注公众的不同科学知识需求,在参与科学传播的过程中,始终以开放、效用、准确、多样的伦理原则规范自我行为,不断提升个人科学素养和媒介素养,

① 《华盛顿邮报》报道称,根据统计,特朗普说谎次数在上任第827天时达到10000次,平均一天说谎12次。此外,他们还统计到了有三四个谎言,特朗普说了不下20次,并忍不住评论他为“无底线的匹诺曹(Bottomless Pinocchio)。”

提高科学传播内容的专业水准和公共价值。总之,后真理时代的科学传播应重拾专业主义,不被主观性牵引,寻求真实的客观性。作为传播主体的自媒体从业者在报道科学新闻时应更加客观,加强自身的社会责任感,建立公众信任度,在采访与报道中找到可依靠的客观性。

6.2 重视政治传播与科学传播的结合,努力消除传播中的不同利益相关者、部门性利益的堡垒

在现代后真理社会中,试图让科学传播完全去政治化是乌托邦,因为公共领域内的科学传播必定会涉及政治议题,产生政治影响,发挥政治作用。因此,这就需要"作为政治传播的科学传播"高度重视政治沟通的作用,将国家主导的政治宣传与社会性、公共性、互动性的政治沟通相结合,关注公众的反馈,避免将某一社会群体的利益作为传播科学知识的出发点,在传播主体与传播对象之间政治信息以及科学信息流动过程中不仅要进一步破除不同部门性利益堡垒,而且要防止各种资本、专业或社会性利益相关者对科学知识的侵蚀,强调传播知识的公开性、公平性、平衡性、透明性,建构一种基于民主运行理念和多元政治诉求的动力机制,消除因利益冲突而产生的虚假信息、错误信息,更好地实现政治社会化。

6.3 将科学传播纳入国家治理体系,避免陷入不同利益相关者动机性推理的困境

科学传播不仅关乎和涉及科学问题,更会对整个政治共同体产生影响。因此,有必要将科学传播纳入国家治理体系,搭建从国家政治中枢到基层神经末梢的双向传播架构,在实现社会动员的同时,保证传播的广泛性和信息的完整性。在治理主体方面,突出科学共同体的主体性和不同利益主体以及公众参与的程度,从而提防所谓不同利益相关者的政治立场和各种社会阵营组织对科学知识的绑架;在治理向度方面,注重传播的双向性和交互性,特别要重视消除自上而下的动机性推理对科学信息造成的误解;在权威性质方面,既要能够高效地强制动员与知识普及,也要通过相关性的对话协商和科学性的行动倡导来激发公众自觉地寻求信息来了解事实真相;在作用所及的范围方面,应渗透到整个公共领域。总之,政府要做好科学传播的压舱石工作,媒体和科学共同体要发挥信息传播稳定器的作用,广大民众要练就琐碎庸常下的火眼金睛,为能够理性的面对、思考与传播科学信息构建协同规制体制与治理体系。

7 对后真理时代下科学传播的反思

自20世纪70年代以来,随着世界各国对广播放松管制、公平原则的废除、有线电视的兴起、互联网的出现以及社交媒体的扩张,使得美国媒体环境发生了深刻的结构性变化。这些变化又反过来导致了美国更大的政治两极分化、党派同质化、意识形态同质化、阶级分化和社会领域内的政治隔离,甚至加剧了在社会公众心理领域中的党派冲突与党派动机性推理的情况。因此,通过对美国后真理社会中科学传播为考察案例,指出每当科学发现与一个人或团体的政治议程发生冲突时,无论是保守派(如气候科学与移民)还是自由派(如转基因食品与疫苗接种风险),即使这些科学信息呈现得多么清晰,或其框架多么仔细与令人信服,科学家都可能会遇到针对性的虚假新闻、错误信息和虚假信息。

尽管公众已经开始意识到当今后真理社会中"疯狂"媒体环境的风险,但前进的道路仍不明朗。即使一些国家的政府对网络媒体监管的概括性建议已经在社会中被广泛讨论,社交媒体的供应商也开始就如何监管好自己的平台制定相应措施,但鉴于媒体环境的规模、多样性与变化速度,很多改革仍旧难以实施。"只要连续点击率和高收视率继续从微文件与广告中产生丰厚的利润,只要亿万富翁愿意并且有能力在网上花费大量资金来保护他们的政治与经济利益,媒体所有者和管理者就几乎没有动力去改变他们的算法或编程内容。"[30]对此,科学家及其科学协会可能能做的最好的事情是结合当下政治现实,预测错误信息和虚假信息的活动,并重新评估参与科学传播的价值,增加其参与科学传播的现实动力,从而在风险发生时予以积极应对。

参考文献

[1] 王大鹏,贾鹤鹏,吴欧. 网络自媒体时代的科学传播新动能:以"网红"科学家为例[J]. 新闻记者,2018(10):47-56.

[2] Kollanyi B, Howard P, Wooley S. Bots and Automation over Twitter during the U.S. Election[EB/OL]. (2017-11-09) [2022-09-01]. https://comprop.oii.ox.ac.uk/research/working-papers/bots-and-automation-over-twitterduring-the-u-s-election/.

[3] Bessi A, Ferrara E. Social Bots Distort the 2016 Presidential Election Online Discussion[EB/OL]. (2018-07-07) [2022-09-01]. https://firstmonday.org/article/

view/7090/5653.
[4] Baldridge M. Twitter is Weeding out Bots and— Now— Locked Accounts (Nieman Foundation for Journalism, Harvard University, Cambridge, MA)[EB/OL]. (2018-09-14)[2022-09-01]. https://www.niemanlab.org/2018/07/twitter-is-weeding-out-bots-and-now-locked-accounts-mostpeople-will-see-a-change-of-four-followers-or fewer/.
[5] Cheney K, Ashley G. Facebook Suspends "Inauthentic" Accounts[EB/OL]. (2018-09-14)[2022-09-02]. https://www.politico.com/story/2018/07/31/facebook-suspends-inauthentic-propaganda-accounts-752615.
[6] Yeo S K, Cacciatore M A, Su L Y F, et al. Following Science on Social Media: The Effects of Humor and Source Likability[J]. Public Understanding of Science, 2021, 30(5):552-569.
[7] Giusta M D, Jaworska S, Greetham D V. Expert Communication on twitter: Comparing Economists and Scientists' Social Networks, Topics and Communicative Styles[J]. Public Understanding of Science, 2021, 30(1):75-90.
[8] David M J L, Baum M A, Benkler Y, et al. The Science of Fake News: Addressing Fake News Requires a Multidisciplinary Effort[J]. Science, 2018(359): 1094-1096.
[9] Davenport C. As Climate-change Science Moves in One Direction, Republicans in Congress are Moving in Another. Why? [EB/OL].(2017-07-06)[2022-09-03]. https://www.theatlantic.com/politics/archive/2011/12/heads-sand/334776/.
[10] 杨正. 科学权威、意识形态与科学传播:基恩"边界设置"理论研究[J]. 自然辩证法研究,2020,36(5): 85-91.
[11] Mayer J. Dark Money: The Hidden History of the Billionaires Behind the Rise of the Radical Right[M]. New York: Anchor, 2017:223-230.
[12] National Science Board. Science and Technology: Public Attitudes and Understanding[R]. Washington: Science and Engineering Indicators, 2018.
[13] Iyengar S, Sood G, Lelkes Y. Affect, Not Ideology: A Social Identity Perspective on Polarization[J]. Public Opin Q, 2012(76):405-431.
[14] 欧亚,吉培坤."后真相"与"假信息":特朗普执政以来美国公共外交的新动向[J].国际论坛,2019(6):121-122.
[15] 赵永华. 构建网络空间命运共同体的必要性与合理性[J]. 人民论坛, 2020(20): 110-111.
[16] Huber G A, Malhotra N. Political Homophily in Social Relationships: Evidence from Online Dating Behavior[J]. J Polit, 2017(79):269-283.

[17] Alcott H, Gentzkow M. Social Media and Fake News in the 2016 Election[J]. J Econ Perspect, 2017(31):211-236.

[18] Iyengar S, Konitzer T, Tedin K. The Home as a Political Fortress: Family Agreement in an Era of Polarization[J]. J Polit, 2018(80):1326-1338.

[19] McGrath M. Economic Behavior and the Partisan Perceptual Screen[J]. Quart J Polit Sci, 2017(11):363-383.

[20] Schaffner B F, Luks S. Misinformation or Expressive Responding? What an Inauguration Crowd Can Tell Us about the Source of Political Misinformation in Surveys[J]. Publ Opin Q, 2018(82):135-147.

[21] P2016 Race for the White House. Donald Trump Announcement of Candidacy, Trump Tower [EB/OL]. (2018-07-18) [2022-09-03]. www. p2016. org/trump/trump061615sp. html.

[22] Pew Research Center. The Partisan Divide on Political Views Grows Even Wider [R]. Washington: Pew Research Center, 2017.

[23] Pew Research Center. Shifting Public Views on Legal Immigration to the United States[R]. Washington: Pew Research Center, 2018.

[24] Ingraham C. Two Charts Demolish the Notion that Immigrants Here Illegally Commit More Crime[EB/OL]. (2018-07-09)[2022-09-04]. https://www. washingtonpost. com/news/wonk/wp/2018/06/19/two-charts-demolish-the-notion-that-immigrants-here-illegallycommit-more-crime/? utm_term = . b52419200511&noredirect = on.

[25] Flagg A. The Myth of the Criminal Immigrant[EB/OL]. (2018-07-09)[2022-09-04]. https://www. nytimes. com/interactive/2018/03/30/upshot/crime-immigration-myth. html.

[26] National Academies of Sciences, Engineering, Medicine. The Economic and Fiscal Consequences of Immigration [M]. Washington: The National Academies Press,2017:120-125.

[27] National Academies of Science, Engineering, Medicine. Immigration's Long-term Impacts on Overall Wages and Employment of Native-born US Workers very Small, although Low-skilled Workers May Be Affected, New Report Finds [EB/OL]. (2018-07-09) [2022-09-04]. https://www8. nationalacademies. org/onpinews/newsitem. aspx? RecordID = 23550.

[28] 罗昕，张梦.西方计算宣传的运作机制与全球治理[J]. 新闻记者，2019(10)：62-63.

[29] 朱豆豆. 从宣传到战略传播:美国宣传观念分野、影响及新宣传话语研究[J]. 新闻界，2020(7):80-81.

[30] 潘仁杰，伍静．透析数字时代的科技迷思：传播政治经济学家文森特·莫斯可（Vincent Mosco）教授访谈录[J]．新闻大学，2019(7)：112-113.

An Analysis of Science Communication in American Post-truth Society

Guo Jianan[1)2)], Zhao shan[1)]

1) School of Marxism, Zhengzhou Technology and Business University, Zhengzhou 450000

2) Digital Humanities Research Center, Renmin University of China, Beijing 100872

Abstract Since the end of the 20th century, the boundary setting and communication between science and non-science, policy makers and the public have become hot issues in the sociology of science. However, in the current post-truth political and media environment, the public's distrust of science and misunderstanding of scientific knowledge are less and less due to communication skills, and more due to the widespread dissemination of misleading and biased information. The wrong communication skills are no longer the core problem faced by science communication. Taking the profound structural changes that have taken place in the media environment in recent decades as a reference, this paper, through refining the existing interpretation path of the concept of post-truth, clarifies the realistic background of the current scientific communication in the United States in the post-truth era, and points out the intense partisan conflicts, hidden partisan and ideological prejudices, political polarization and partisan reasoning motivated by political motives that prevail in the dissemination of information in the American media are the main difficulties and elements of its scientific communication system. Therefore, strengthening the responsibility of the main body of science communication, paying attention to the combination of political communication and science communication, and integrating science communication into the national governance system are all important ways to effectively resolve the practical dilemma of post-truth social science communication.

Key words post-truth; science; science communication; media; politics; partisanship bias

作者简介

郭佳楠,男,河北邢台人,郑州工商学院马克思主义学院讲师,亚洲理工学院发展与可持续性系博士研究生,中国人民大学数字人文研究中心学生研究员,主要研究方向:科学技术与公共政策,E-mail:nannan1232009@163.com。

赵姗,女,河南郑州人,郑州工商学院马克思主义学院副教授,郑州大学马克思主义学院博士研究生,主要研究方向:意识形态建设。

STEM领域中女性生涯选择影响因素研究述评

陈　凯[1)]　刘思淇[2)]

1）南京晓庄学院 环境科学学院，南京　211171

2）上海师范大学化学与材料科学学院，上海　200234

摘　要　STEM教育越来越受到重视，但性别差异仍是STEM生涯选择中的显著问题，女性在STEM领域中的生涯选择受到多元化的影响。通过分类梳理大量的国际文献发现：基础教育阶段，女生学习STEM课程和专业选择受到经济压力、自我效能感以及诸多学习和生活因素影响；STEM专业大学女生生涯选择需要面对校园里的性别偏见、大学生课程与教学的不足以及导师支持的缺乏等不利因素；当她们进入职场，自我效能感、社会偏见、家庭责任可能会使她们逃离STEM领域职业。基于以上发现建议：需要家长层面先行认识STEM，向女生提供更多的支持和鼓励；发挥校园教育的氛围和理念影响力，激励女生投入STEM学习；社会媒体宣传应正确引导，鼓励女生选择STEM领域。

关键词　女性；STEM教育；生涯规划；刻板印象；生涯教育

1　问题的提出

“实现性别平等，增强所有妇女和女童的权能”是联合国《2030年可持续发展议程》的重要目标。许多女性因为种种困难而放弃学习STEM专业或离开STEM领域的职业，所以她们的潜力没有得到充分的开发，这难免给社会带来重大损失。全球仅有28%的工程专业毕业生和40%的计算机科学及信息学专业毕业生为女性，而女性仅占全球科研人员中的三分之一，在一流大学中女性所占比例也比男性少。此外，愈加普及的人工智能、自动化和机器学习领域也很可能出现男女不平等现象，女性的需求在智能产品和项目的设计中有可能被忽视[1]。

人们普遍认为男性更擅长 STEM 学科，但事实证明，女性在学习 STEM 学科方面并不逊色。长期以来的偏见限制了女性在 STEM 领域的发展，同时也束缚了她们在 STEM 职业生涯的选择和发展方向[2]。

为了进一步实现性别平等，发挥女性在 STEM 行业的潜能，国际组织和世界各国都推出系列政策试图改善当前的情况。联合国教科文组织明确提出"世界需要科学，科学需要女性"，并设置了"欧莱雅女科学家奖"来鼓励女性进入科学领域，此外还发布了《破译密码：女性的 STEM 教育》报告[3]。联合国教科文组织还举办关于青年女性 STEM 教育的研讨会，提出要更好地支持成员国来发展性别差异较大的 STEM 教育[4]。2021 年署名文章《女性走上前沿——实现 STEM 领域的性别平等，创造更加美好的未来》，再次强调"妇女能顶半边天"，充分肯定在新冠疫情期间，世界各地的女性在公共卫生、疫苗研发、医护治疗等领域领导了开创性的工作以抗击疫情[5]。中国继 2011 年印发了《关于加强女性科技人才队伍建设的意见》后，2021 年印发的《关于支持女性科技人才在科技创新中发挥更大作用的若干措施》[6]从六个方面展开：培养造就高层次女性科技人才、大力支持女性科技人才创新创业、完善女性科技人才评价激励机制、支持孕哺期女性科技人才科研工作、加强女性后备科技人才培养、加强女性科技人才基础工作[7]。为了配合"北极星计划"，美国特别强调需要向学前教育和中小学教育阶段的女生等弱势群体提供额外的资金支持以开展 STEM 教育[8]，2020 年发布《未来 STEM 教育的愿景》强调 STEM 教育应体现公平性、包容性[9]。德国发起促进女性参加 STEM 项目的计划，鼓励女生学习 STEM 课程并从事相关职业[10]。英国则成立平等挑战部门和英国女性与科学资源中心[11]。澳大利亚是较早发展 STEM 的国家之一，扶持"女性 STEM 与创业"项目，并发布"女性 STEM 国家战略"。

在全球 STEM 教育热火朝天的背景下，哪些因素会影响女性的 STEM 生涯选择？这是倡导平等、拒绝性别歧视的 STEM 教育在具体实施过程中需要关注的重要问题。

2 文献研究设计

2021 年，国务院 13 家部委联合发文，强调要"持续开展'科技与性别'研究，对科技政策进行性别平等评估，对女性科技人才成长开展跟踪研究，为进一步完善女性科技人才政策提供支撑。"这类研究非常需要系统的文献综述作为后续创新的开端。考虑到该领域很多期刊不属于 SCI 来源期刊并没有被 Web of Science 收录，所以用

“STEM girls”或“STEM female”为检索词，在谷歌学术检索，并用百度学术进行补充，团队分工阅读，合作梳理出本文所需要的源文献，并进行分类梳理。

3 不同阶段女性的STEM生涯选择影响因素

3.1 基础教育阶段的女生

女性的STEM生涯选择一般要追溯到基础教育阶段。早期研究提出女性在STEM领域代表性不足的影响因素包括生理差异、学术准备、对STEM的态度、榜样缺乏、课程设置、教学方法、STEM课堂气氛、性别角色社会化以及认识论差异[12]等九项。后续研究又归纳出五个方面因素：个体背景、K-12教育的结构性障碍、心理因素、价值观和偏好、家庭影响和期望[13]。

主张先天因素的观点认为由于男性思维天生就比女性更适合STEM领域，所以男性能获得更高成就[14]。当然此种论点已遭到反证驳斥，其实两性的大脑灰质几乎没有差异[15]。当小学生观看数学主题影片时，研究者通过核磁共振监测脑内活动，发现数学学习活动时的大脑活动模式并无性别层面的显著性差异[16]。John A. Beekman等[17]进行了为期九年的小学生跟踪测试，发现女生也具备从事高阶STEM职业的数学能力。

笔者通过文献梳理，认为基础教育阶段女生学习STEM课程的影响因素主要包括以下几点。

3.1.1 经济压力促进STEM生涯选择

经研究，在性别相对平等、就业歧视小的经济发达国家，反而在未来选择STEM专业的女生更少[18]。

基于PISA数据库开展的世界各国青少年在科学、数学和阅读方面的成就分析，发现女生进入STEM领域的意愿和经济压力呈正相关。经济越发达的国家，女生取得数学和计算机科学学位的比例反而越低。反之，贫穷国家女生投入STEM领域的比例更高[19]——源自于生活的压力可能影响女生的生涯选择。毕竟与STEM领域相关的职业收入可观，发达国家的女生面临的经济压力和生活风险较低，则更愿意根据自己的兴趣爱好选择专业，以至于更多女生不会选择STEM领域。但是在许多贫困国家，女生从小生活压力大，所以在生涯规划的时候更容易受到外部条件的影响，缺少选择自己专业和职业的自由，更可能以生活为导向，趋向于选择未来能够获得较高经济回报的STEM行业[20]。

3.1.2 缺乏自我效能感带来消极的STEM学习态度

女生对于自己能够学好STEM学科缺乏信心,她们普遍认为在这个领域中,男生表现更优秀[21]。这种主观认知极大地影响了女生对自身的价值观和兴趣的塑造,降低了将来选择STEM专业的可能性。如果女生对自己在STEM领域的能力感到自信,对STEM领域的任务感兴趣,并且自信有能力解决,往往能够去迎接挑战[22]。

无论是国际研究,还是中国本土化的研究,均发现男生STEM学习态度比女生更为积极[23]。态度和偏好可能在STEM兴趣和职业选择的性别差异中发挥重要作用。一项分析表明,男性对科学的态度通常比女性更积极,而这种对科学的态度决定了STEM成就[24]。与科学和数学相比,所有年级的男学生对工程和技术的态度最为积极,而女生在小学阶段对工程和技术的态度最为积极,随着年龄增长,女生对工程和技术的兴趣会逐渐下降,甚至比数学和科学都更低落,她们对工程和技术表现的负面态度更明显,自然对工程职业的兴趣急剧下降。相比较而言,男生对工程职业的兴趣高于女生。随着年级的提高,这种兴趣还在增加,直至在高考填志愿时报考相关专业。

笔者通过调查发现,虽然江苏省中学生对STEM学习态度整体趋向积极,但是对未来可能从事STEM领域职业的正向态度比例不高[25]。PISA2015测评结果也指出,虽然我国中学生有着较高的数学和科学学业成绩,但是从所调查的四省市学生的志向来看,期望从事与科学相关职业的只占16.7%,远低于经济合作与发展组织平均水平[26]。

3.1.3 学习和生活环境带来积极和消极作用

更多研究表明,STEM成就的性别差距是由环境因素造成的[27],包括来自学校和家庭的影响。

(1) 早期教育的刻板印象

教育工作者和家长在学习STEM相关科目时,可能会无意中对女性和男性表现出不同的行为,这可能会削弱女性对STEM相关科目的安全感[28]。一旦这种早期刻板印象被内化,它就会对STEM领域的女性兴趣和动机产生影响[29]。一项对科学博物馆中儿童互动的观察研究发现,父母倾向于花更多的时间向男孩解释科学展品。这种指导会引导男孩更自然地发展对STEM的积极倾向。随着时间的推移,社会信仰的潜移默化愈加发挥作用,适当的角色榜样、专业化教学和早期干预有助于提高女性在STEM领域的自信,所以关注那些会产生积极影响的因素显得格外重要[30]。STEM通常被视为男性专属的领域,而教师、父母乃至社会常常低估了女孩的数学能力，这种现象甚至起始于幼儿园阶段。儿童在很小的时候就接触到各种刻板印象的信息——包括书籍的介绍、媒体的宣传和玩具的个性化特征。

(2) 伙伴关系的支持

当学生年龄渐长，影响高阶数理课程选择的非正式环境不仅限于家庭，还开始考虑朋友的支持，而且朋友的性别是一个关键因素[31]。Werner 和 Denner 研究了与同伴合作对中学生在计算机课程中表现的影响。与孤军奋战的学生相比，与同伴合作研究的学生对自己的解决方案更有信心，未来选择计算机相关专业的可能性更大，编写的代码质量也更高。其中女生自信心的提升远高于男生。所以为了鼓励女学生朝计算机编程方向努力，牢固、热情的伙伴关系有助于带来社会支持，有助于提高学习自信和问题解决能力[32]。

(3) 学校环境的多元化作用

无论是学术知识体系还是学科榜样，或是课程、教学、课堂气氛等，文献普遍显示，学校环境的各种要素体现着对女生 STEM 生涯的影响。在 STEM 学科学习过程中，女生比男生更频繁地依赖于同伴、榜样和教师的支持。青少年的心智和价值观均未成熟，在这个阶段，教师对于他们塑造职业印象和培养兴趣的影响尤其巨大，和中学男生相比，女生更倾向认为教师是最能激发兴趣的人[33]。不少女生都提及中小学教师对于她们如今职业的影响，有的女生因为 STEM 学科教师对其能力的质疑或否定而导致自低年级开始对此类课程再无兴趣，于是渐渐放弃了进入 STEM 领域的机会[34]。虽然 STEM 教师意识到应该与所有学生进行教学互动，但他们可能没有意识到自己的一些行为已经影响了女生对 STEM 学习目标的追求，例如表扬话语中对男孩的偏爱、提问男生的频率、对女生实验要求的苛刻程度等。女生学习 STEM 自信水平与师生关系的质量显著相关[35]。如果小学女生能有机会与来自高中或大学的女性“小先生”配对，参与更加丰富的课外动手科学体验[36]，那么她们的学习自信会有很大提升。考虑到女性更频繁地将老师视为触发和维持她们 STEM 兴趣的关键，所以促进女生投入 STEM 领域学习的自信应该更多由教师的教学行为来进行干预[37]。

学校环境的性别分化趋势往往也影响女生未来选择，其实从小学开始就出现了性别分化教育的现象，随着年级增长愈发明显。在高中阶段选科分班时，学校往往建议男生选择理工科，而鼓励女生选择文科。在学习数学和科学课程过程中可以从多人合作和支持的氛围中受益匪浅，但目前我国中学理科课程往往要求独立解决问题，对合作要求不高；而女生对于合作的偏爱也使得她们在这些科目中存在劣势[38]。

3.2 大学 STEM 专业女生

STEM 管道理论是用越来越狭窄的“管道”比喻学生从最初的 STEM 学习，到最终取得STEM相关专业学位并从事STEM相关职业的过程:在管道的每一个连接点——例如中考、高考以及毕业应聘到劳动力市场的每个过渡,几乎都会出现人才流失,只有极少数学生最终仍然选择STEM领域,更多学生对STEM专业失去兴趣而中途退学或换专业[39]——这里很多都是女生。

大学生信念调查的七个维度里两个能预测他们对专业的兴趣,而个人目标往往影响学生对未来研究和相关职业的信念和期望,而信念和期望又与从事研究相关职业的意图有关。与男生相比,个人目标能更好预测女生从事工程类职业意图[40]。

除了内因外,校园环境对大学女生的STEM生涯规划影响最大,包括学校氛围、教师特征、各种支持和可获得的STEM学习资源[41]。根据社会认知职业理论(SCCT)的理论视角,同侪学习、教师支持、学习内容影响大学生STEM职业生涯规划程度较高,对STEM专业学生的性别差异效应显著,特别有利于女学生职业抱负的发展[42]。

3.2.1 性别偏见的不利因素

一直以来,无论是校园兼职还是求职深造,女生和男生并没有受到平等的对待和评估[43]。女生面对的性别偏见源头多元化,包括兴趣不同的其他同龄女生、教师以及家人——这些源自于社会的刻板印象严重影响着大学女生在STEM专业的投入[44]。经历性别偏见对待的大学女生可能放弃她们原先的专业追求,社会环境影响下的课堂偏见导致了理工科女性大学生的更高流失率[45]。

影响STEM专业学习信心的主要因素是来自教师的偏见[46]。很多迹象表明,女生在大学里从STEM教师那里收获的反馈和鼓励很少,而这些教师可能花费更多时间去指导男生、回复男生的电子邮件询问,并在课堂上请男生来完成任务[47]。

3.2.2 大学课程与教学的不足

尽管一些美国女生选择STEM专业是因为个人对科学或数学的浓厚兴趣促成她们想进入STEM专业的愿望,但进入大学后,却往往因为在专业课上的学习困难而选择离开。

对这门学科失去兴趣、STEM教师糟糕的教学,以及对课程进度和要求感觉不堪重负,往往是导致女生转专业的重要原因[48]。女生经常吐槽自己的老师不可接近、不提供帮助;STEM学习经历常被描述为竞争环境,破坏了女生习惯的归属感和协作感;研究型大学理工专业的文化尤其不受欢迎,大班化教学环境过度拥挤,大讲堂的听课人更觉得自己像是一场戏剧的观众,而不是正在学习的学习者——因为大讲堂的座位安排,女生很难认识教授而感到疏远。

3.2.3 导师的支持缺乏

高等教育阶段的学术榜样更多是本专业导师，榜样力量对于女生坚持完成STEM课程体现积极影响[49]。无论对于本科生还是研究生，来自导师更有针对性的指导，为STEM专业学生创造了更为丰富的与行业专家进行深入交流的机会[50]。

那些最终留在STEM领域的学生很大可能是因为背后有导师热情的指导，例如鼓励学生参加专业的比赛、为某个项目提供细致的建议。当导师和学生之间的交流提供了对学科或专业的理解，就实现了职业功能。当这种交流提供了从导师那里获得认可和咨询的机会时，它就实现了社会功能。此外，师生关系可以指导学生塑造自己的价值观、行为和态度，为学生提供角色榜样。研究发现导师针对科技项目研究的具体指导会对女生产生积极的影响，影响她们的未来职业决定，并刺激她们考虑继续深造参与科学研究[51]。但现实学习生活中STEM专业女生往往缺乏女性导师而使得她们缺失归属感、丧失科研信心[52]，感到学术边缘化[53]。所以从这个层面来看，女性行业榜样以及理解女生发展的导师队伍培养成为大学阶段的女生STEM生涯规划指导的首要任务。

3.3 职场女性

高端科技背景的职场女性人数比例偏少，信息及工程领域仍是男性人数占比更多。各人自身因素固然存在，但刻板印象、媒体信息以及STEM行业的工作氛围等社会因素也不容小觑。

3.3.1 自我效能感不足

在一项关于成功的STEM职业生涯的比较研究中，自我效能感的确存在显著的性别差异。参与研究的女性表示，与家庭、学业成员和同龄人的关系影响其自我效能感，尤其是融洽的关系会有助于她们努力克服个人、社会和学业上的心理障碍。尽管这些女性面对来自社会的各种负面信息，但职业和学术方面的正面信息更能促进她们对STEM职业的追求[54]。

在一些情况下，身边缺乏女性同行，女性的职业归属感往往难免低落，兴趣也因此而下降，她们需要看到女性同伴可以在STEM领域获得成功，从而模仿其追求成功的行为[55]。缺乏榜样力量让女性无法看到STEM领域的女性发展前景从而放弃继续从事STEM职业[56]。

女性对STEM领域职业的自我效能判断往往受社会大环境影响，误判会导致部分女性对于此类职业兴趣不高，从而更愿意选择符合自身性别特征的职业[57]。

3.3.2 社会的刻板印象

尽管美国在性别平等方面取得了较大的进步,但在STEM领域仍然存在明显的性别鸿沟,女性更容易受到性别刻板印象的影响。

首先是媒体传播的影响。职业女性的贡献经常被媒体所掩盖[58],例如媒体常常将软件工程师描绘成一个男性主导的领域。社会一直认为女性在数学和科学方面没有天赋,这极大地影响了女性对理科的兴趣和追求。这些刻板印象在社会媒体信息中根深蒂固,而且通过服装、影视、新闻、广告、网络等途径持续宣传,导致职业女性逐渐受这些信息潜移默化的影响,并开始相信女性不应该擅长理工科。正是这种刻板印象,为STEM职场女性造成了一种不受欢迎、冷漠的氛围。

另一个重要的社会因素是内隐偏见。即使已经在STEM行业工作的女性也可能会有一种潜意识倾向,认为男性比女性更适合自己的职位[59]。内隐偏见对职业选择有影响其实是由社会环境和民众观念所造成的[60]。

此外,STEM领域女性晋升速度和概率都小于同水平的男性,女性对于薪资水平的满意度也不同于同水平的男性。

社会偏见和性别歧视很难被根除,只能尽力去纠正大众对于这方面的错误认知,将男女平等的观念深植于每一个人的内心。STEM行业需要充分认识到女性所具有的独特性别特征对于STEM领域发展有不可替代的作用,例如细心、坚韧、有耐心等。在给予职业女性充足的发展空间和发展动力的前提下,女性STEM教育才会收获长足的发展。

3.3.3 家庭责任的冲突

上文提及家庭对选择STEM职业的影响。我国学生选择专业时更强调工作机会,受家庭背景和父母的影响较大,相比较而言美国学生选择专业时更强调自己的兴趣和职业生涯发展潜力,家庭背景和父母的影响相对较小[61]。其实家庭责任与职业发展难免存在着冲突,尤其长时间形成的家庭角色也阻碍了女性进入STEM领域发展。人类社会发展至今,在大部分家庭中女性依然承担着家务劳动、照顾孩子以及照看年迈的父母和其他家庭成员方面的责任,使得她们无法百分百地投入技术含量高的工作,与同龄男性相比,她们在职场上丝毫不占优势,也面临更多的困难。2020年新冠疫情爆发期间,停工和停课让很多家庭的负担——尤其是照顾孩子沉重地压在了职业女性身上。已经有证据体现疫情期间从事理工科科研女性提交论文的数量明显少于男性,反映了她们在努力平衡工作与增加的家庭责任之间的困难——这些经历已经导致女性科研人才在新冠疫情期间大量流失[62]。

3.4 文献小结和评价

由上可见,影响 STEM 领域女性生涯选择的主观因素和客观因素多样化,但这些因素错综复杂、相互影响,例如社会媒体如何通过家庭教育或学校教育来影响学生个体,或者现代教育如何反作用于社会民众的 STEM 生涯观念,还需要在未来的深入研究中进一步理清。不管是基础教育阶段还是高等教育阶段或是职场,外界环境都明显影响女性的自我效能感或学习态度,进而干预其 STEM 生涯选择的信念,其中的具体关联细节可以通过结构方程模型来进行建构;考虑到目前这方面的国际已有研究大多是通过定量数据来开展统计分析,停留在表面上的统计意义,却缺少有深入的机理探讨,还需要质性研究予以补充。例如用深度访谈和扎根理论来理解女生在 STEM 课程学习过程中的真实经历、选择 STEM 专业的内心想法以及未来发展的规划——可能发现更为个性化和内心化的思考。此外,以上文献毕竟以国外为主,所展现的都是西方文化和经济背景下女生的 STEM 生涯规划路径[63],那么在中国文化背景下的女生为什么选择或不选择 STEM 生涯之路呢? 和国外有怎样的异同? 中国式家长和教师在女生 STEM 生涯教育中发挥了怎样的作用? 还需要进行进一步的本土化实证研究。

4 基于综述的建议

根据以上研究结果,提出以下几点建议。

4.1 家长层面先行认识 STEM,以提供女生更多的支持和鼓励

年轻人拥有追求 STEM 职业所需的知识、态度和能力,往往与其家庭密切相关。有理工科背景的父母会让孩子小时候就熟悉 STEM,并在青少年成长时期乃至求职工作期间支持她们,有意识地或不自觉地引导她们,有助于女生激发自我认同感和自我效能感。父母如果能够正确认识 STEM 并告知孩子科学没有性别之分,对促进女孩选择 STEM 生涯具有积极意义[64]。这个层面需要父母的自身修养和认识的提升,虽然随着中国教育现代化浪潮的发展,越来越多的家庭涌现高学历 STEM 学科背景的成员,会对子女产生积极的影响,但是区域经济发展的不均衡导致人才分布不均衡非常严重,所以 STEM 生涯取向的家庭产生的正向影响还非常局限。学校可以利用家长会的机会,向家长们传播女生在 STEM 生涯发展过程中的优势,改变家长的观念,显得格外重要;教育主管部门需要提供专题读物或讲座供家长学习,共同推动 STEM 教育。

4.2 发挥校园教育的氛围和理念影响力,激励女生投入STEM学习

通过文献调研,可以发现基础教育对STEM领域的生涯规划至关重要。首先学校需要将STEM学习要素融入各个学科,为所有学生提供STEM学习机会;从小学开始培养学生对STEM的兴趣,在初中阶段则需要持续地增强兴趣,以促进学生的STEM职业抱负。把STEM学习元素融入到高中核心科目中,让所有学生建构STEM素养——这些措施需要针对所有同学,不分性别的STEM教学才能给予女性更多的公平性。当给予女生充分信任的时候,她们会在STEM学习中尽力展现自己的光彩。当提供反思自己STEM学习经历的机会,可以促成女生对STEM职业形成新的理解,并在日常生活中非正式和正式学习环境之间建立联系的空间[65]时;当在中学期间战略性地扩大女孩在多元化环境中的科技体验活动范围,可以提高她们对STEM行业工作的积极自我认知[66]时,可以利用科技职业角色扮演、科技职业生涯规划比赛等来提高女性对于STEM生涯的提前规划,尽可能为STEM领域的可持续发展留住优秀女性人才。此外,还需要在校内课程中更早地传播STEM职业对社会产生的积极影响,并且让精通理科课程的女生更好地发挥示范效用,以助力普通女生发现自身在STEM领域的个人目标。

高校招聘教师需要吸收更多工程、科学相关学科的高学历女性,以促进女生在STEM行业的就业和成功。例如帮助理工科专业大一女生尽快熟悉环境、认识教师、结交校友;增加与理工科女性教师交流机会,以加强与卓越女性榜样的接触;不定期组织校内外STEM领域专家、学校领导参与讨论,使学生了解学校的资源,明确自己在学术方面可以利用的优势;组建学习小组以强化大学生之间的交流,尤其促使女生之间和男女生之间相互学习、取长补短;能与能够在职业生涯的不同方面提供帮助的人建立多重关系,比只与一个人建立传统的师徒关系更有益[67],所以建立多导师合作指导显得非常有必要。

STEM教学改革所带来的课堂氛围尤其重要。在课堂里,教师可以通过强调实践导向而不是先天能力决定论来激励学生在理工科专业课堂表现,从而培养学生的自我成长心态。女性教师避免使用那些可能会暗示她们对不擅长或不喜欢STEM领域课程的词语,比如“我数学不好”或“物理很难”。教学评价要求学生可以发挥创造性完成指定作业,鼓励所有学习者的创意效果会更好。在理工科课程考试中尤其需要考虑加重开放式题目的分量,这种评价允许学生尤其是女生们,通过文字问题、画图任务或写作要求来表达她们的思维,确保可以让她们收获更多自信。在课堂教学材料中添加女性学者的图片,将卓越女性在这些学科中的成就置于学习情境中,

也能改变学生对女性所属群体的看法[68]。通过组织面向女生的编程课程和机器人夏令营活动，让女性科研工作者直接与低年级女生面对面，这样女生才有机会将成功的 STEM 领域女性工作者树立为自己的榜样。

4.3 社会媒体宣传应正确导向，鼓励女生选择 STEM 领域

社会对 STEM 职业的性别化对待使得许多女性不了解 STEM，也无法预知自己选择此种职业的前景。由此可见，加强女性对 STEM 生涯兴趣的关键在于提供给她们更多了解 STEM 职业发展的机会和途径，促使她们有信心可以在该领域里做出一定成就。

在 STEM 领域依然有着能够照耀人类文明历史的女性杰出代表，例如，发现了镭的居里夫人、首位遨游太空的美国女性 Sally Ride、发现青蒿素而获得中国大陆本土自然科学领域第一个诺贝尔奖的女科学家屠呦呦、从美国归来担任深圳医学科学院院长的世界知名女科学家颜宁等。为了推动更多女性参与 STEM 学习，媒体非常有必要增强女性专业人士的代表性宣传：在传播 STEM 相关新闻时提供多元观点，引导女性自发思考科学，逐渐提高其科学素养[69]，有助消除 STEM 学习或职业的性别定型刻板印象。政府可以专注于发展更多 STEM 学习机会，吸引更多社会女性参与。学校宣传也同样重要，将 STEM 领域的成功女性作为生涯规划教育的素材，可以定期邀请成功的 STEM 职业女性到校作演讲汇报，为女生树立良好的榜样，鼓励她们投身于 STEM 方面的学习和工作。

此外，职场性别歧视对于女性 STEM 职业从事者来说一直是难以解决的问题，在企业招聘、职位升迁、薪资待遇水平等等问题上，女性都是劣势的一方。女性与生俱来的生理特征不应该成为束缚她们追求科学理想的枷锁。实际上，有女性参与领导的公司比仅有男性领导的公司业绩更好[70]。改善职场上的性别歧视艰难且耗时，首要任务是为男性和女性确立统一的评判标准，打破当前的性别刻板印象，改变大众对于女性从事 STEM 领域行业的看法，这样才有可能从根源上让大众认识到科学的发展需要女性的细心和耐心。而这一点的实施离不开上文所叙述的学校和家庭的教育，也离不开政府政策导向。总体来说，职场性别歧视的改善需要社会不同层面的协同努力才能解决。

在全世界推行 STEM 教育的浪潮中，在社会各界的努力下，女性 STEM 教育有望沿着公平、平等、优质的道路前进。

参 考 文 献

[1] 常启德,阿里·扎希里. 女性走上前沿:实现STEM领域的性别平等,创造更加美好的未来[EB/OL].(2021-04-09)[2021-09-03]. http://cn.un.org.cn/info/6/1019.html.

[2] 李春玲.教育地位获得的性别差异:家庭背景对男性和女性教育地位获得的影响[J].妇女研究论丛,2009(1):14-18.

[3] 熊岚.联合国教科文组织发布《破译密码:女性的STEM教育》报告[J].世界教育信息,2017(10):73.

[4] UNESCO. Young women must be fully supported to take part in STEM education [EB/OL].(2015-11-08)[2021-09-03]. https://en.unesco.org/news/young-women-must-be-fully-supported-take-part-stem-education.

[5] 常启德,阿里·扎希里.女性走上前沿:实现STEM领域的性别平等,创造更加美好的未来[EB/OL].(2021-04-09)[2021-07-28]. http://cn.un.org.cn/info/6/1019.html.

[6] 中华人民共和国中央人民政府.科技部等十三部门印发《关于支持女性科技人才在科技创新中发挥更大作用的若干措施》的通知[EB/OL].(2021-06-17)[2021-07-28]. http://www.gov.cn/zhengce/zhengceku/2021-07/19/content_5625925.html.

[7] 中华人民共和国科学技术部.《支持女性科技人才在科技创新中发挥更大作用的若干措施》政策解读[EB/OL].(2021-07-20)[2021-07-29]. http://www.most.gov.cn/kjbgz/202107/t20210720_175986.html.

[8] 赵章靖.美国为何全方位促进STEM教育[N].光明日报,2021-04-29(14).

[9] Aloisi A, Reid N. (Un) conscious bias in the astronomical profession: universal recommendations to improve fairness, inclusiveness, and representation [EB/OL]. (2019-06-10) [2023-09-18]. https://doi.org/10.48550/arxiv.1907.05211.

[10] 陈凯,夏晶,陈悦.《中国STEM教育白皮书》的文本挖掘[J].基础教育,2019,16(3):25-38.

[11] 张永军.澳大利亚:促进STEM学科性别平等[N].中国教育报,2018-10-26(5).

[12] Blickenstaff J C. Women and science careers: leaky pipeline or gender filter? [J]. Gender and Education, 2005,17(4):369-386.

[13] Kanny M A, Sax L J, Riggers-Pieh T A. Investigating forty years of STEM research: How explanations for the gender gap have evolved over time[J]. Journal of Women and Minorities in Science and Engineering, 2014, 20(2): 127-148.

[14] Wang M T, Degol J. Motivational pathways to STEM career choices: Using expectancy-value perspective to understand individual and gender differences in

STEM fields[J]. Developmental Review,2013,33(4):304-340.

[15] Kersey A J, Csumitta K D, Cantlon J F. Gender similarities in the brain during mathematics development[J]. npj Science of Learning, 2019, 4(1): 1-7.

[16] Joel D, Berman Z, Tavor I, et al. Sex beyond the genitalia: The human brain mosaic[J]. Proceedings of the National Academy of Sciences, 2015, 112(50): 15468-15473.

[17] Beekman J A, Ober D. Gender gap trends on mathematics exams position girls and young women for STEM careers[J]. School Science and Mathematics, 2015, 115(1): 35-50.

[18] O'Dea R E, Lagisz M, Jennions M D, et al. Gender differences in individual variation in academic grades fail to fit expected patterns for STEM[J]. Nature communications, 2018, 9(1): 1-8.

[19] Stoet G, Geary D C. The gender-equality paradox in science, technology, engineering, and mathematics education[J]. Psychological science, 2018, 29(4): 581-593.

[20] Jon Hamilton. Math looks the same in the brains of boys and girls, study finds [EB/OL]. (2019-11-08) [2021-06-02]. https://www. npr. org/sections/health-shots/2019/11/08/777187543/math-looks-the-same-in-the-brains-of-boys-and-girls-study-finds? utm_source = facebook. com&utm_term = nprnews&utm_campaign = npr&utm_ medium = social&fbclid = IwAR1Z29FEPaf _ mvtRS3 _ bBqInFwBktp-UaQ1ISPdLD8C-x_bkowSYIrLLyfU.

[21] 袁磊,赵玉婷.小学女生在 STEM 教育中的学习差异及对策研究[J].中国电化教育,2017(6):73-79.

[22] Dubriwny N, Pritchett N, Hardesty M, et al. Impact of Fab Lab Tulsa on student self-efficacy toward STEM education[J]. Journal of Stem Education Innovations & Research,2016, 17(2):21-25.

[23] Sadler P M, Sonnert G, Hazari Z, et al. Stability and volatility of STEM career interest in high school: A gender study[J]. Science education, 2012, 96(3): 411-427.

[24] Weinburgh M . Gender differences in student attitudes toward science: A meta-analysis of the literature from 1970 to 1991[J]. Journal of Research in Science Teaching, 2010, 32(4):387-398.

[25] 陈凯,陈淋,陈悦.中学生 STEM 学习态度研究:基于江苏省六所 STEM 试点中学的调查[J].中国电化教育,2019(4):92-102.

[26] 王晶莹.关注 STEM 职业期望的青少年科学素质教育:基于 PISA2015 和 NARST2017

的反思[J].科学与社会,2017(3):33-42.

[27] Hill C, Corbett C, Rose A S. Why so few? women in science, technology, engineering, and mathematics[EB/OL].(2010-02-01)[2023-04-39]. https://files.eric.ed.gov/fulltext/ED509653.pdf.

[28] Nosek B A, Smyth F L. Implicit social cognitions predict sex differences in math engagement and achievement[J]. American Educational Research Journal, 2011, 48(5): 1125-1156.

[29] Master A, Meltzoff A N. Building bridges between psychological science and education: Cultural stereotypes, STEM, and equity[J]. Prospects, 2016, 46(2): 215-234.

[30] Crowley K, Callanan M A, Tenenbaum H R, et al. Parents explain more often to boys than to girls during shared scientific thinking[J]. Psychological Science, 2001,12(3):258-261.

[31] Gottfried M , Owens A , Williams D, et al. Friends and family: A literature review on how high school social groups influence advanced math and science coursetaking[J]. Education Policy Analysis Archives, 2017, 25(62):1-26.

[32] Werner L J. Pair programming in middle school: What does it look like? [J]. Journal of Research on Technology in Education, 2009, 42:29-49.

[33] Maltese A V, Tai R H. Eyeballs in the fridge: Sources of early interest in science [J]. International Journal of Science Education,2010,32(5):669-685.

[34] 樊明成. 中美大学生选择专业的影响因素分析[J]. 教育学术月刊, 2012(8):88-91.

[35] Holmes S, Redmond A, Thomas J, et al. Girls helping girls: assessing the influence of college student mentors in an afterschool engineering program[J]. Mentoring & Tutoring: Partnership in Learning,2012,20(1):137-150.

[36] Tyson, Will. Modeling engineering degree attainment using high school and college physics and calculus course taking and achievement[J].Journal of Engineering Education,2011,100(4):760-777.

[37] Maltese A V, Cooper C S. STEM Pathways: Do men and women differ in why they enter and exit? [J]. AERA Open,2017,3(3):1-16.

[38] Gilbreath L C. Factors impacting women's participation in STEM fields[D]. Vermont:University of Vermont,2015.

[39] 吕伟妮, 王晶莹, 田雪葳,等. 基于管道理论的美国中小学 STEM 课程开发探析[J]. 世界教育信息, 2018, 31(6):59-62.

[40] Woodcock A, Graziano W G, Branch S E, et al. Engineering students' beliefs about research: Sex differences, personality, and career plans[J]. Journal of En-

gineering Education，2012，101(3)：495-511.

[41] Blickenstaff J C. Women and science careers：leaky pipeline or gender filter? [J]. Gender and Education,2005,17(4)：369-386.

[42] Seonmi J，Shik R B，Seokjean J. Does “women friendliness” matter in STEM education?：Differential effects of high-impact practices on career aspiration of STEM college students by gender[J].Journal of Engineering Education Research，2020,23(4):37-51.

[43] Moss-Racusin C A，Molenda A K，Cramer C R. Can evidence impact attitudes? Public reactions to evidence of gender bias in STEM fields[J]. Psychology of Women Quarterly，2015，39(2)：194-209.

[44] Robnett R D. Gender bias in STEM fields：Variation in prevalence and links to STEM self-concept[J]. Psychology of Women Quarterly，2016，40(1)：65-79.

[45] Leaper C，Brown C S. Perceived experiences with sexism among adolescent girls [J]. Child Development，2008，79(3)：685-704.

[46] Zeldin A L，Pajares F. Against the odds：Self-efficacy beliefs of women in mathematical，scientific，and technological careers[J]. American Educational Research Journal,2000,37(1):215-246.

[47] Grunspan D Z，Eddy S L，Brownell S E，et al. Males under-estimate academic performance of their female peers in undergraduate biology classrooms[J]. PLOS ONE，2016，11(2):1-16.

[48] Christe B. The Importance of faculty-student connections in STEM disciplines：A literature review[J]. Journal of STEM Education：Innovations and Research，2013，14(3)：22-26.

[49] 谢淑敏. 科技领域女大学生坚持科学课程的动机及其生涯价值观之探究[J]. 辅导与咨商学报，2016，38(1)：1-27.

[50] Blake-Beard S，Bayne M L，Crosby F J，et al. Matching by race and gender in mentoring relationships：Keeping our eyes on the prize[J]. Journal of Social Issues，2011，67(3)：622-643.

[51] Campbell A，Skoog G. Preparing undergraduate women for science careers：Facilitating success in professional research[J]. Journal of College Science Teaching，2004，33(5)：24-26.

[52] Dasgupta N，Stout J G. Girls and women in science，technology，engineering，and mathematics：STEMing the tide and broadening participation in STEM careers [J]. Policy Insights from the Behavioral and Brain Sciences，2014，1(1)：21-29.

[53] Hurtado S，Figueroa T. Women of color faculty in science technology engineering

and mathematics (STEM): Experiences in academia[EB/OL]. (2013-04-01)[2023-04-30]. https://citeseerx. ist. psu. edu/document? repid = rep1&type = pdf&doi = d8f1f2c5845d4bf4854ff16043609998d8bc9ba4.

[54] Zeldin A L, Britner S L, Pajares F. A comparative study of the self-efficacy beliefs of successful men and women in mathematics, science, and technology careers[J]. Journal of Research in Science Teaching, 2008, 45(9): 1036-1058.

[55] Cheryan S, Siy J O, Vichayapai M, et al. Do female and male role models who embody STEM stereotypes hinder women's anticipated success in STEM? [J]. Social Psychological and Personality Science, 2011, 2(6): 656-664.

[56] Kang H, Calabrese B A, Tan E, et al. How do middle school girls of color develop STEM identities? Middle school girls' participation in science activities and identification with STEM careers[J]. Science Education, 2019, 103(2): 418-439.

[57] 谢淑敏.科技领域女性大学生成功学习与学习生活问题调适因应经验之探究[J].中国台湾心理谘商季刊,2014,6(1):1-34.

[58] Master A, Cheryan S, Meltzoff A N. Computing whether she belongs: Stereotypes undermine girls' interest and sense of belonging in computer science[J]. Journal of Educational Psychology, 2016, 108(3): 424-437.

[59] Brownstein, Michael. Implicit bias and philosophy, Metaphysics and epistemology[M]. Oxford: Oxford University Press, 2016:1.

[60] Jackson S M, Hillard A L, Schneider T R. Using implicit bias training to improve attitudes toward women in STEM[J]. Social Psychology of Education, 2014, 17(3): 419-438.

[61] English L D, Hudson P, Dawes L. Perceived gender differences in STEM learning in the middle school[J]. International Journal of Engineering Education, 2011, 27(2): 389-398.

[62] The World University Ranking. Women in science are battling both Covid-19 and the patriarchy[EB/OL]. (2020-05-15)[2021-06-20]. https://www.timeshighereducation.com/blog/women-science-are-battling-both-covid-19-and-patriarchy.

[63] 陈凯, 刘雨, 陈科羽. STEM 生涯教育研究的国际文献计量和内容分析[J]. 化学教育(中英文), 2022, 43(15): 104-114.

[64] Craig C J, Verma R, Stokes D, et al. The influence of parents on undergraduate and graduate students' entering the STEM disciplines and STEM careers[J]. International Journal of Science Education, 2018(5):1-23.

[65] King N S, Pringle R M. Black girls speak STEM: Counter stories of informal and formal learning experiences[J]. Journal of Research in Science Teaching, 2019,

56(5)：539-569.

[66] González-Pérez S，Mateos de Cabo R，Sáinz M. Girls in STEM：Is it a female role-model thing? [J]. Frontiers in Psychology，2020，11：2204.

[67] De Janasz S C，Sullivan S E. Multiple mentoring in academe：Developing the professorial network[J]. Journal of Vocational Behavior，2004，64(2)：263-283.

[68] Vennix J，den Brok P，Taconis R. Do outreach activities in secondary STEM education motivate students and improve their attitudes towards STEM? [J]. International Journal of Science Education，2018，40(11)：1263-1283.

[69] 林静雯，林锦鸿，陈美蓉.科学新闻观点对不同年龄阶段女性健康决策之影响-以荷尔蒙疗法为例[J].科学教育学刊，2014，22(3)：281-306.

[70] Nimmesgern H. Why are women underrepresented in STEM fields? [J]. Women in Chemistry，2016，22(11)：3529-3530.

A Review of Researches on the Influencing Factors of Women's Career Choices in the Field of STEM

Chen Kai[1)]，Liu Siqi[2)]

1) Nanjing Xiaozhuang University，College of Environmental Science，Nanjing 211171

2) College of Chemistry and Materials Science，

Shanghai Normal University，Shanghai 200234

Abstract STEM education has been paid more and more attention，but gender difference is still a significant problem in STEM career choice. Women's career choice in STEM field is affected by many factors. Through the classification of a large number of international literatures，it was found that in the basic education stage，girls' learning and professional choice in STEM courses were affected by economic pressure，self-efficacy and many learning and life factors；the career choice of female students majoring in STEM needed to face the unfavorable factors such as gender bias on campus，the lack of college students' curriculum and teaching，and the lack of tutor support. When they entered the workplace，self-efficacy，social prejudice，and family responsibilities maid drive them away from STEM careers. Based on the above findings，the article suggested that：firstly，parents need to understand STEM to provide more support and encouragement for girls；the atmosphere and ideological influence of campus education need to be fully utilized to motivate girls to engage in STEM learning；social media promotion should provide the correct direction to encourage girls to choose STEM fields.

Key words female；STEM education；career planning；stereotype；career education

作者简介

陈凯,江苏镇江人,博士,副教授,主要研究方向:科学教育、教师教育和化学教学论。E-mail:zhenjiangchenkai@126.com。

刘思淇,江苏泰州人,上海师范大学硕士研究生,主要研究方向:化学教育。

实践知鉴

意大利传播科学文化的经验与启示

马宗文[1)]　唐　伟[2)]　李航谦[1)]　卢亚灵[3)]

1) 中国科学技术交流中心,北京　100045

2) 北京天文馆,北京　100044

3) 生态环境部环境规划院国家环境保护环境规划与政策模拟重点实验室,北京　100041

摘　要　作为近代自然科学的发源地之一,意大利将科学视为一种文化,高度重视科学文化传承与传播,科学精神被烙刻在民族基因之上。本文介绍意大利传播科学文化的传统,通过立法保障、举办特色科学文化传播活动、发挥科技场馆的主阵地功能、科研机构常态化开放等做法和经验,提出相关建议,希望为国内科普工作提供参考。

关键词　科学文化;科学普及;科技场馆;意大利

1 引　　言

在文艺复兴时期,意大利涌现出达·芬奇、布鲁诺、伽利略等伟大科学家,他们为人类文明进步作出了重要贡献,特别是布鲁诺为追求真理而献身的崇高科学精神,长期以来被认为是西方科学技术发展的强大内生动力。为了弘扬伟大科学精神,传播灿烂科学文化,普及科学技术知识,意大利从中央到地方,从政府到民间,广泛动员全社会力量,举办各类科学文化传播活动,公众参与度非常高,相关做法对提升公民科学素质发挥了重要作用。

在意大利,提高国民科学文化素质的重要性,不仅体现在促进国家科学技术及经济社会发展上,而且是公民行使基本权利的重要条件,如对环保、转基因产品和能源政策作出选择时需要具备基本的科学素养。因此,意大利高度重视科学文化传播和科学普及工作,除了加强学校正规教育中的科学教育,同样重视面向社会公众开展的有组织、有针对性的科学文化传播工作[1]。

本文介绍了意大利政府通过立法和政策引导公私机构加强科学文化传播工作，组织举办各具特色的科学文化传播活动，充分发挥科技场馆的主阵地功能，鼓励科研机构面向公众常态化开放等做法，希望为国内科普工作提供参考。

2 悠久的科学文化传播传统

意大利有重视科学文化的传统，起源于意大利的文艺复兴运动，不仅是一场关于艺术的革命，而且对近代科学的产生和发展也具有深远影响。这一时期所倡导的用观察和实验的方法发现自然奥秘、探究宇宙运行规律，从数学的角度研究透视法则，借助解剖学来研究人体结构等，孕育了近代天文学、数学、物理学、医学等自然科学。

文艺复兴时期，意大利各地自发成立了许多科学爱好者组织，如 16 世纪 50 年代，一些科学爱好者在那不勒斯成立历史上第一个科学组织“自然秘密协会”；1573 年一些知名教授、富商在帕多瓦大学成立“可菲达提学社”；1603 年由凯西公爵支持、伽利略参与组建了“猞猁学社”，推动了天文学和博物学的发展，促进了望远镜、显微镜等科学仪器在研究中的应用，该学社后来发展成欧洲历史最悠久的科学院——意大利林琴科学院；1657 年由伽利略的学生及其崇拜者在佛罗伦萨建立了“西芒托(实验的意思)学社”，该学社的会员们进行了许多次物理实验。学社汇集了商人、医生、航海家、牧师和教师等社会各界人士[2]。学社的发展对自然科学启蒙、培育科学土壤、传播科学文化发挥了重要作用。

文艺复兴运动极大地促进了欧洲乃至世界科学的发展。受意大利文艺复兴熏陶，哥白尼公开出版了与宗教思想相悖的《天体运行论》，提出天文学作为一门科学有自己特有的研究对象、方法和意义，宣告了自然科学的独立。哥白尼倡导的观察自然现象、研究自然规律的科学思想被追随和广泛传播。布鲁诺勇敢地捍卫和发展了哥白尼的太阳中心说，并把它传遍欧洲，但不幸于 1600 年被教廷烧死在罗马鲜花广场。布鲁诺为科学而献身，是近代科学的先驱者和捍卫科学真理的殉道士，受到人们敬仰。由此，崇尚科学与真理的精神被深深烙刻在意大利的民族基因中。

3 立法保障科学文化传播工作

为了促进和鼓励科学文化(包括数学、自然科学及其延伸的技术科学文化)传播，加强对具有历史意义的科学技术遗产的保护，意大利于 1991 年通过第 113 号法令，并于 2000 年修订该法，发布第 6 号法令[3]，其主要内容包括：重组和加强从事科学文化传播和科学遗产保护机构，支持在全国建立新机构和科技中心；推动系统地发掘本国的科学技术史及科技文献资源；在培训活动、博物馆管理、科学中心升级或建设方面鼓励与国内外的大学、机构合作；通过研究和试验，开发科学和科学史的有效教学方法，特别是注重新技术手段的应用；通过展览、会议、图书和多媒体等渠道或手段促进科学和科学史信息的传播；通过更好地使用科学实验室和多媒体手段促进科学文化在各层级学校的传播，鼓励学生与科研界和产业界广泛交流，进而使他们更好地认识科学在日常生活和社会可持续发展方面的重要性。

该法令还专门规定了经费保障措施，1991 年起每年拨付 100 亿里拉用于开展上述工作；到 2000 年对该法律进行修订时，又将该项经费额度提高到每年 200 亿里拉（约合 1000 万欧元）。目前政府仍然执行该拨款政策[4]。

意大利大学与科研部作为科学文化传播的政府主管部门，积极落实 2000 年第 6 号法令，凝聚各方力量，推动开展科学文化传播工作。一是与地方政府签署协议，加强各地公立博物馆、自然史博物馆、植物园等公众感兴趣的科普场所的科学文化传播功能；二是与大学签署协议，采取适当的措施，发挥大学科技馆和植物园的科学文化传播作用；三是对研究机构开展科学传播的资质进行认证，为科技教师进修培训和学生参加课外科学实践活动提供便利；四是组织重大科学文化传播活动时，面向社会公开征集活动项目，审核后通过官方渠道发布活动信息，方便公众参与活动[5]。

4 举办丰富多彩的科学文化传播活动

4.1 国家科学文化周

国家科学文化周由意大利大学与科研部主办，时间为每年 1 月底至 2 月初，自 1992 年起至今已连续举办 31 届[6]。

科学文化周通过促进大学、公私研究机构、博物馆、企业、协会对公众开放及与公众交流，旨在向公众传播最新的权威科学信息，以及宣传国家丰富的科学技术遗产。科学文化周活动类型多种多样，有展览展示、研讨会、讲座、交流会、论坛、影视节目、科技馆参观等，具体如下。

(1) 研讨会及交流会和论坛的主题有科学史、科学时事、对科学基础性作用的思考，科学技术研究对伦理和政治的影响，媒体在科学文化传播中的作用，更新教学方法以适应科技快速发展，新技术在文化遗产保护、教育培训、健康产业等方面应用的思考和探索，加强科学文化传播与增加青年就业机会之间的关系等。

(2) 围绕科学传播的展览、展出和电影等，内容包括最新的科学工程和装置展示;技术科学、自然科学、医学、民族-人类学、科学史等科技类博物馆,植物园和自然保护区的特别开放活动;以及科普电影和科普旅游等。

(3) 大学、研究机构和企业实验室开放活动,一方面为教师提供有关科学技术研究前沿的进修课程,另一方面,让学生近距离接触科学研究,与科研人员面对面交流,培养学生对科学研究的兴趣,从而影响他们今后学习、成长和工作方向的选择。

(4) 在艺术科学、历史科学和社会科学方面的舞台剧、音乐剧和多媒体展示,展示科学在艺术、文学、历史以及跨学科领域中的重要"形象",以及除此之外任何其他有效传播科学文化的艺术表现形式。

每年大学与科研部通过官方网站公布年度科学文化周的参考主题。如第28届科学文化周的建议主题有:① 随时间推移的科技革命;② 门捷列夫元素周期表(纪念创立150周年),它的未知:真实的系统性;③ 达·芬奇(纪念逝世500周年):发明、科学、艺术与创造力;④ 海洋:气候变化、可持续性与生命起源的财富[7]。

4.2 热那亚科学节

热那亚科学节是欧洲最成功、公众参与度最高的科普节日之一,自2003年起已连续举办19届,时间为每年10月底至11月初的11天[8],由热那亚科学节协会组织。热那亚市人口60万,每年约有1/3人口参与到热那亚科学节中,还有很多意大利各地和欧洲其他国家的科学爱好者慕名而来,热那亚科学节已成为研究者、科学爱好者、学校和家庭的一次盛会。

热那亚科学节每年围绕一个主题举办各类科普活动。科学节的活动类型多样,特别注重趣味性和实践性,通过互动实验室和互动展览让公众亲身体验科学的魅力。热那亚科学节拥有数量庞大的科学诠释者(Scientific Explainer),他们帮助参观者发现身边的科学并解释其中蕴含的物理、化学等科学现象。组织者认为高质量的科学诠释者是所有展览成功举办的基础,他们既是科学家与参观者之间的催化剂,也是连接公众与科学界之间的纽带。目前,热那亚科学节已培养了超过6000名科学诠释者。

4.3 特色科普节日和活动

意大利各级政府、行业协会、民间组织等每年举办30多个大型科普宣传活动,这些活动贯穿全年[9]。除全国科学文化周和热那亚科学节外,还有世界地球日、环境日等国际性节日;其他具有一定规模和影响力的科普节日有的以地方命名,如贝尔加莫科学节、维罗纳科学节;有的以科学家名字命名,如伽利略科学与创新周、爱因斯坦岛科学节;有的以专题或领域命名,如国家地理科学节、食品科学节、医学科学节、天文科学节、可持续发展节等。

这些各具特色的科普活动一般为公益性质，由高校和科研院所给予支持和指导，但也有些已完全实现商业化运作。科普活动架起了科研工作者、科学爱好者和公众，特别是青少年之间的桥梁，起到了良好的科学文化传播效果[10]。

4.4 全球意大利研究日

为纪念伟大科学家达·芬奇，意大利大学与科研部联合外交部于 2017 年共同发起全球意大利研究日活动，活动时间为每年 4 月 15 日（达·芬奇诞辰日）。

全球意大利研究日活动依托意大利在全球的外交机构组织实施，旨在展现意大利研究人员追求创新和卓越的精神。据统计，2018 年在意大利的 54 个驻外机构举办了 82 场活动，2019 年在全球 78 个国家举办了 116 场活动，2020 年以来由于受到新冠疫情影响，活动以线上形式为主[11]。这些活动不仅宣传了意大利研究人员在国际科学研究中所作的杰出贡献，而且对推广意大利优质的教育体系和先进技术具有重要作用。因为科学无国界，科学能够帮助人们克服文化和语言障碍，这些活动的举办有力配合了意大利总体外交工作。

5 发挥科技场馆科学文化传播主阵地功能

科技场馆是面向公众开展科学文化传播活动的主要场所，意大利科技场馆众多，虽然多数场馆面积并不大，但专业性强，特色鲜明，深受公众喜爱。除发挥科技场馆的科普功能外，意大利科技馆还经常组织一些科技活动，在潜移默化中传播科学文化。

5.1 达·芬奇科技博物馆

达·芬奇国家科学技术博物馆位于米兰，占地面积 4 万平方米，展品数量 1.6 万余件，是意大利最大的科学技术博物馆，也是世界上最大的展示达·芬奇科技成就的博物馆[12]。该馆二战期间被毁，于 1953 年修缮完成后重新对外开放。博物馆的特色是达·芬奇的设计手稿，以及在此基础上复原的 130 余件模型，包括航空和军事设施、建筑、机械、冶金、航海等作品，展现了达·芬奇的丰富科技想象力。除此之外，该馆常设展览按通信（电信、技术、空间），食品科学与技术，材料（铝、钢、聚合材料、基础化学工业、纸张、产品生命周期），能源（能源和材料、能源和设备、产油区、能源系统），运输（铁路运输、航空运输、航海运输）等分为 5 个主题[13]。博物馆每年接待世界各地参观者超过 50 万人次。博物馆还经常组织展品到世界各地举办全球巡回展,深受公众喜爱。

达·芬奇科技博物馆充分利用公共区域,经常举办一些大型展会、论坛和宣传活动等,在扩大博物馆影响力的同时,也向社会传播科技和创新文化,如 2018 年第九届中意创新周开幕式和大型科技交流活动在此举办,聚焦智能制造、能源与环保、健康医疗、航空航天、现代农业等领域,来自中意两国 755 家高校、企业、科研和政府机构的 1470 名代表参加活动[14]。

5.2 伽利略博物馆

伽利略博物馆位于文艺复兴发源地佛罗伦萨,原是佛罗伦萨大学的科学史学会及博物馆,1927 年对外开放。博物馆集科研、文献、出版、培训、科学遗产保护、大型馆藏陈设展览、科学文化传播、活动组织和会议等于一体。展览部分共两层 18 个展厅,收藏和展出了 1000 余件珍贵的实验设备和科学仪器,集中展示了托斯卡纳和佛罗伦萨地区科学活动的历史。一层是美第奇(Medici)家族 15 至 18 世纪收藏的科学仪器,包括指南针、金属星盘、伽利略使用过的仪器、佛罗伦萨实验科学院成员使用过的温度计、显微镜和气象仪器等,其中最珍贵的是伽利略发明制作的 2 台天文望远镜和望远镜镜片,伽利略正是用它们发现了木星的卫星。二层 9 个展厅展出了洛林(Lorraine)大公 18 至 19 世纪收藏的科学仪器和实验装置,展品涵盖天文、数学、物理、气象和电气等多个科学领域[15]。博物馆年参观人数约 30 万。

通过展示伽利略及其同时代科学家使用过的科学仪器,展现了他们创造并践行实验科学的传统,以及将实验与数学相结合的科学方法,这些科学思想也深刻影响了后来的科学家,成为科学研究的范式。这些展品很好地诠释和传播了科学理念、科学思想和科学精神。

该博物馆还结合纪念著名科学家、庆祝科技节日等不定期举办相关主题的科普活动,如在伽利略诞辰纪念日期间连续多日举办不同主题的科普活动,2022 年国家盲文日期间为盲人参观者组织关于味觉和嗅觉的科普活动等。

5.3 那不勒斯科学城

那不勒斯科学城建于 1989 年,占地面积 7 万平方米,承担着科学文化传播及推动科技创新和相关产业发展的任务。科学城主要包括科学中心(意大利首个互动式科学博物馆)、科技企业孵化器、培训中心和会展中心。2017 年,经过改造升级的科学博物馆——人体科学馆(CORPOREA)正式对外开放。该馆是欧洲首个以人体、疾病预防和健康为主题的互动式博物馆,占地 5000 多平方米,分为 14 个展区,有 100 多件互动展品和装置,通过“虚拟现实”、互动游戏和实验等方式向人们展示人体的奥秘。展览配有英文、意大利文和中文3种解说语言。那不勒斯科学城获得过多项国际奖项,包括欧盟委员会的笛卡尔科普奖、国际技术转移委员会的最佳科技孵化器奖等[16]。每年博物馆接待约35万名参观者。

科学城在科普与创新领域积极开展对华合作,是中意创新合作周的意方承办单位,承担了在意大利举办的创新周的具体组织实施工作,及组织人员赴华参会等工作。2012年第三届中意创新论坛和2016年第七届中意创新合作周开幕式在此举行,其中第七届中意创新合作周上两国代表进行了500多项次的项目对接,达成100余项合作意向,为推动中意技术转移合作和科普交流与合作做出了积极贡献[17]。

6 科研机构面向公众常态化开放

意大利公立和私立科研机构把面向公众开放举办科普活动作为一项社会责任,开放的主要对象是青少年学生,重点是培养他们对科学的兴趣,帮助其发现自身潜力,鼓励他们立志投身科学事业。

6.1 国家实验室举办各类科普活动

意大利国家实验室十分重视面向公众开放、传播科学文化,让公众近距离接触晦涩难懂的专业科学知识,展示它们在日常生活中的重要应用。为了培养下一代科学家,实验室大力向社会宣传实验室的研究计划和科研成果,各年龄段的学生、教师和普通公众被邀请参加实验室的各类科普活动,每年到实验室参加科普活动的人员近万人。

弗拉斯卡蒂国家实验室建于1955年,是意大利最大的加速器核物理和亚核物理实验室,拥有正负电子对撞机和自由电子激光器等多座大型研究基础设施。该实验室每年接待各类人员约9000人,各类科普活动贯穿全年,其中350名学生来此参加"课外科学实践课",400名高中生参加为期5天、10天或15天的专题实习(主题包括机械、超导、电子、数据分析、纳米技术等),800名高中生参加"科学上午"讲座(每天上午举行,每期5天),200名教师参加现代物理学进修培训,1000名参观者参加"欧洲研究人员之夜"活动,2500名参观者参加实验室开放日活动,3900人次参加各类论坛、公共讲座等[18]。

格兰萨索国家实验室建于1982年,是目前世界上最大的地下实验室,主要开展太阳中微子、暗物质和宇宙射线等方面的研究,为粒子物理学、宇宙学和天体物理学领域的科学家提供世界级的研究基础设施[18]。该实验室每年也组织许多科普活动,每年到访的学生和其他社会公众达8000人,特色活动有"来自宇宙的笔记"音乐会、国际宇宙日活动、实验室开放日、"我也是科学家"竞赛、国际学生暑期学校等,以及受欧盟玛丽居里计划资助的科普活动"分享科研人员对不断变化的责任的热情(SHARPER)",自2014年以来已连续举办了7年,举办各种科普活动300余场次,约560名科研人员参加,受众超10万人[18]。

6.2 分子肿瘤研究院邀请公众走进实验室

意大利癌症研究基金会分子肿瘤研究院(IFOM)位于米兰,建于1998年,是意大利最大慈善基金会——癌症研究基金会下属的唯一一所专门从事分子级别肿瘤诊断和治疗、药物与机理、从实验到临床转化研究的专业机构,在欧洲科研界享有良好声誉[19]。

分子肿瘤研究院面向公众特别是青少年开展科学传播活动,从与IFOM相关负责人座谈了解到,截至目前共有3万余名中小学生参加过该研究院组织的各类活动,主要有:① 开放日活动,一般为每年6月的第一个或第二个星期五,IFOM邀请各年龄段的学生与家长到此参观,让其了解科学研究过程,每年参观人数约300人;② 与科学家面对面活动,每年举办3次,每次180人,主要对象是伦巴第大区的高中生,通过讲座、座谈和参观交流等形式,向他们介绍前沿医学研究、慢性病预防、实验方法与逻辑、青少年健康生活方式等;③ 夏令营活动,每年7月中上旬共15天,活动对象为意大利全境的高中生,需要经过一系列的笔试和面试,最终选拔出10位优胜者免费到研究院,在科研人员的指导下开展科学研究,目前夏令营活动已经成功举办15届。

7 启示与建议

习近平总书记指出,"科技创新、科学普及是实现创新发展的两翼,要把科学普及放在与科技创新同等重要的位置"。科普工作是公民科学素质建设的基础性工作,没有全民科学素质普遍提高,就难以建立起宏大的高素质创新大军,创新型国家和世界科技强国的建设目标也将难以实现。系统性的科普工作在我国虽然起步较晚,但近年来特别是2002年《中华人民共和国科学技术普及法》(简称《科普法》)颁布实施以来,科普工作取得了较快发展,以全国科技活动周、全国科普日为代表的各类科普活动蓬勃开展,活动形式不断推陈出新,参与公众规模不断扩大,科普工作的社会影响力和认可度不断提升。通过对意大利科学文化传播的做法进行梳理,为进一步完善和促进我国科学普及工作的教育与实践提供深刻的启示和借鉴,提出如下建议。

7.1 通过立法建立稳定的资助机制

2002年我国颁布的《科普法》在经费保障方面要求"各级人民政府有关部门应当安排一定的经费用于科普工作",但无明确具体的经费规定。在一些对科普工作重视不够的地方科普经费相对不足,日常性科普工作和组织科普活动受到不同程度影响。意大利2000年第6号法令对支持科学文化传播的经费支持额度作了明确规定,为开展活动提供了经费保障。建议对《科普法》进行修订时,明确规定各级政府的科普投入水平,保障科普工作正常开展和科普事业健康发展。

7.2 科学和艺术、文化的融合传播

科学植根于文化的土壤,从近代科学的发展来看,科学与艺术、文化具有千丝万缕的联系,意大利的经验是将科学、科学史和科学家作为一种文化进行广泛宣传,在潜移默化中将科学文化植根于民族基因,传播到社会发展和人们生活的各个方面。建议深入挖掘我国古代天文、历法、农业、机械、建筑和军事等各领域中蕴含的科学元素及其内涵,展示中华民族在科学技术和工艺方面取得的卓越成就,在科学教育和科普实践中让科学与文化、艺术更加紧密结合,促进其融合传播、融合发展。

7.3 更好发挥科技场馆的主阵地作用

近年来我国新建了许多科技场馆,各中心城市基本拥有了大型综合性科技馆,新建场馆的先进性可与发达国家的科技馆比肩,但新场馆的利用率并不高,宽敞的空间经常被闲置,建议充分利用这些设施定期组织特色科普活动。随着信息化、数字化的发展,传统科技馆迎来新发展机遇,伽利略博物馆利用信息技术开发虚拟展览,让公众足不出户就可参观博物馆的展览和珍贵展品,建议利用虚拟现实、增强现实等现代技术手段,加强对传统科技馆的升级改造。此外,建议围绕特定科普主题,鼓励地方和行业部门建设更多小而精的特色专题科普场馆。

7.4 建立科研机构开放常态化机制

我国2006年出台了《关于科研机构和大学向社会开放开展科普活动的若干意见》,鼓励科研机构面向公众开放。科研机构在全国科技活动周、全国科普日和中国科学院科学节期间组织了一些开放活动,发挥了积极作用,但还没有实现常态化开放,长效机制还未建立。意大利科研机构面向公众,特别是青少年学生的开放活动贯穿全年,即使在新冠疫情期间也通过组织网上活动等继续开放,各类科普活动从未间断,科研机构常态化的开放对宣传科学文化发挥了重要作用。建议国内从政策

层面，积极引导科研机构建立常态化开放、组织科普活动的机制。

7.5 加强科学文化传播的国际交流与合作

意大利重视科普的国际交流与合作，达·芬奇科技博物馆经常组织展品到世界各地巡展，热那亚科学节多次引进美国的优秀科普展品；意大利于 2017 年发起的全球研究日活动对于宣传本国科学文化、提升其国际影响力方面发挥了重要作用。目前我国在全国科技活动周上已经开始尝试引进国外科普展览，举办“一带一路”科学节等受到欢迎。建议今后借鉴其他国际活动“主宾国”这一做法，每年邀请特定国家在全国科技活动周上举办专场活动，不仅可以丰富活动内容，还可服务国家总体外交战略。此外，建议组织优秀的科普展览和科技场馆积极“走出去”，在对外交流中互学互鉴，提升我国文化软实力。

参考文献

[1] Pellegrini G, Saracino B. The communication of research in Italy[EB/OL]. (2022-05-06) [2023-05-23]. https://www.taylorfrancis.com/chapters/edit/10.4324/9781003027133-11/communication-research-italy-giuseppe-pellegrini-barbara-saracino.

[2] 刘霁堂. 科学家职业演变与科普责任[J]. 自然辩证法研究，2004,20(8):43-47.

[3] Presidente del Consiglio dei Ministri. Modifiche alla legge 28 marzo 1991, n. 113, concernente iniziative per la diffusione della cultura scientifica[EB/OL]. (2000-01-10) [2023-05-22]. https://www.normattiva.it/uri-res/N2Ls? urn:nir:stato:legge:2000;6.

[4] Ministry of University and Research. Public tender for the protection and promotion of the technical-scientific heritage has been published[EB/OL]. (2021-09-13) [2023-05-13]. https://www.mur.gov.it/it/news/lunedi-13092021/pubblicato-bando-pubblico-tutela-e-promozione-del-patrimonio-tecnico.

[5] Ministero dell'Università e della Ricerca. Diffusione della cultura scientifica[EB/OL]. (2021-09-06) [2023-05-23]. https://www.mur.gov.it/it/aree-tematiche/ricerca/iniziative-speciali-e-grandi-ricerche/diffusione-della-cultura-scientifica.

[6] Ministero dell'Università e della Ricerca. Settimana della scienza[EB/OL]. (2023-02-09) [2023-05-23]. https://www.mur.gov.it/it/aree-tematiche/ricerca/iniziative-speciali-e-grandi-ricerche/settimana-della-scienza.

[7] Ministero dell'Università e della Ricerca. XXVIII SETTIMANA DELLA CULTU-

RA SCIENTIFICA[EB/OL]. (2019-01-28) [2023-05-23]https://www.mur.gov.it/it/aree-tematiche/ricerca/iniziative-speciali-e-grandi-ricerche/settimana-della-scienza/xxviii.

[8] Genoa Science Festival Association. Introduction of the Genoa science festival [EB/OL]. (2022-12-05)[2023-01-13]. http://www.festivalscienza.eu/site/en/home/highlights/articolo10005136.html.

[9] sci4dem. I festival della scienza e della divulgazione scientifica in Italia[EB/OL]. (2020-07-22) [2023-05-22]. https://sci4dem.it/i-festival-della-scienza-e-della-divulgazione-scientifica-in-italia/.

[10] 马宗文,孙成永.意大利科技人才培养的经验与教训[J].全球科技经济瞭望,2022,37(3):59-64.

[11] Ministero degli Affari Esteri e della Cooperazione Internazionale. GIORNATA DELLA RICERCA ITALIANA NEL MONDO[EB/OL].(2021-04-02) [2023-05-23]. https://innovitalia.esteri.it/evento/giornata-della-ricerca-italiana-nel-mondo.

[12] Italiantourism. National Museum of Science and Technology “Leonardo da Vinci” [EB/OL].(2020-06-28)[2023-05-23].https://www.italiantourism.com/museotecnica.html.

[13] National Museum of Science and Technology of Leonardo da Vinci. About the museum[EB/OL]. (2022-09-19) [2023-01-13]. http://www.museoscienza.org/english/.

[14] 宋承杰.第九届中意创新合作周开幕,助推两国科研创新领域深入合作[EB/OL].(2018-12-06)[2023-05-24]. https://baijiahao.baidu.com/s? id = 1619070014816111444.

[15] Galileo Museum-Institute and Museum of the History of Science. The museum and its history[EB/OL].(2022-12-10)[2023-01-15].https://www.museogalileo.it/it/.

[16] Città della Scienza. The introduction of Science Centre[EB/OL].(2022-10-22)[2023-01-15]. http://www.cittadellascienza.it/.

[17] 科技部.“第七届中意创新合作周”在意大利那不勒斯开幕[EB/OL].(2016-11-14)[2023-05-24]. https://www.most.gov.cn/dfkj/bj/tpxw/201611/t20161111_128871.html.

[18] 马宗文,孙成永.意大利国家实验室的发展经验与启示:以国家核物理研究院的国家实验室为例[J].全球科技经济瞭望,2021,36(11):39-45.

[19] IFOM. The introdution of IFOM[EB/OL]. (2023-01-16) [2023-05-08]. https://www.ifom.eu/en/.

Experience and Enlightenment of Italian Scientific Culture Dissemination

Ma Zongwen[1), Tang Wei[2), Li Hangqian[1), Lu Yaling[3)
1) China Science and Technology Exchange Center, Beijing 100045
2) Beijing Planetarium, Beijing 100044
3) State Environmental Protection Key Laboratory of Environmental Planning and Policy Simulation, Chinese Academy for Environmental Planning, Beijing 100041

Abstract As one of the birthplaces of modern natural science, Italy regards science as a culture, roots scientific gene in national culture, and attaches great importance to the dissemination of scientific culture. By introducing the historical tradition of disseminating scientific culture in Italy, as well as Italy's legislation on scientific culture, organizing scientific cultural communication activities, emphasizing the role of the dissemination carrier of science and technology museum, and opening up scientific research institutions to the public in a normal manner. We raise relevant suggestions and expect to provide a reference for domestic authority in charge of science popularization.

Key words scientific culture; science popularization; science and technology museum; Italy

作者简介

马宗文,男,山东沂源人,副研究员,主要研究方向:科普与公民科学素质、科技政策与管理。

唐伟,男,北京人,经济师,主要研究方向:新媒体科普传播。

李航谦,女,河北石家庄人,馆员,主要研究方向:国际科技合作、项目管理。

通信作者简介

卢亚灵,女,河北石家庄人,副研究员,主要研究方向:环境管理与政策、科学传播。E-mail:luyl@caep.org.cn。

我国科普场馆电影节品牌建设创新实践与思考：以北京国际电影节“科技单元”为例

贾　硕　王　丽　莫小丹　马宇罡

中国科学技术馆，北京　100101

摘　要　近年来，我国一些科普场馆陆续举办本地的特效电影节，但是与国际知名特效电影节相比，在品牌化方面还存在差距，有较大的发展空间。本文以北京国际电影节“科技单元”品牌建设创新实践为研究对象，探讨社会认同理论在科普场馆品牌建设中的应用，并从品牌定位、品牌识别、品牌管理、品牌传播等方面出发，探索扩大科普场馆特效电影节的影响力和知名度的有效路径和努力方向，包括策划与创新活动类型、回应观众需求优化品牌体验、维系多方良好合作关系，利用线上线下多种渠道加大宣传力度，以期为国内科普场馆同类特效影院节品牌建设提供有益借鉴。

关键词　北京国际电影节；品牌建设；科普场馆；特效电影

1　引　　言

科普特效电影是指在巨幕、球幕、4D 等特效影院放映的，具有视觉、听觉、触觉特效的科普题材电影[1]。作为一种将科学知识与影像艺术完美结合的文化形式，科普特效电影不仅可以让观众获得科学知识，还可以促进公众对科技创新的关注和理解。为了更好地发挥特效影院的科普功能，解决特效影院票房低、观众少、影片数量少、更新率低等问题，越来越多的国家和地区科普场馆尝试举办特效电影节，发挥其营销推广、口碑传播的优势，以达到提高票房、调动观众观影的积极性和主动性、实现科普特效电影社会效应的目的。与享誉国际的特效电影节相比，我国科普场馆特效电影节在品牌建设方面仍有待提升。本文通过阐述电影节作为一个国际性平台，品牌建设对于电影节知名度和形象传播的重要性，强调科普场馆举办特效电影节具有多方面优势和独特价值，梳理总结北京国际电影节的“科技单元”品牌建设的成功经验，探讨科普场馆特效电影节提升传播力和影响力的有效途径和努力方向，为科普场馆特效电影节的品牌建设和传播效果提供有益的参考，有助于特效电影在科普场馆科学普及中发挥更大的作用。

2　电影节活动、品牌建设与形象传播

2.1　聚集效应：电影节作为文化活动的重要平台

特效电影节是电影节的一个类型，了解广义上电影节的发展、传播策略和效果，有助于更加深入地研究特效电影节。

作为文化活动的重要平台，电影节不仅为观众提供欣赏影片的机会，而且也为电影行业的从业者和学者提供了展示和交流的平台，更是为文化、经济、艺术互动和对话提供了交流空间。一是作为展示和交流电影制作艺术的重要平台，电影节将电影制作人等从业人员和观众聚集在一起，在特定的时间和地点内提供了一种庆典、事件、节日的氛围[2]。二是作为电影行业同行交流的平台，促进资源流通和相互学习。作为权威评审，知名电影节能够促进入选影片和制作人声望提升，激励电影制作不断创新。三是作为惠民文化服务平台，电影节促进了文化交往交流。如法国戛纳电影节，对其主办城市和地区产生了重大的文化和经济影响，吸引旅游业并为当地的艺术和文化场景做出贡献[3]。因此，许多城市和地区都投入了大量资源来发展和推广电影节，将其打造成为重要的文化和经济活动。

2.2　传播效应：以品牌认同提升电影节的影响力

电影节传播效果分析是传播研究领域中具有现实意义的内容。一是出于吸引观众、获得赞助和捐助的目的，电影节的传播效果与其品牌知名度和社会影响力相互影响、相互促进，以及评估电影节对于观众和行业专业人士的影响，如对柏林、戛纳、威尼斯、上海、北京等地国际电影节知晓度进行对比，公众信息来源渠道等进行定量和定性分析以提出电影节影响力实现的路径[4]，能够帮助电影节吸引观众、获得赞助和资金以及建立良好声誉。二是通过分析已有电影节的成功或失败案例，可以为其他电影节的策划和实施提供有价值的经验和教训。因此，研究电影节传播效果对于其成功举办和持续发展有着积极作用，对促进电影制作艺术和文化交流、推动文化产业的发展具有重要价值。

以往的研究更多关注电影节在电影产业及市场中的地位及影响因素。近年来的最新研究更加注重电影节对观众的影响、产业链的带动、社会认同与文化交流、宣传策略的有效性以及电影节在文化话语建构方面的作用。一是从经济学视角分析电影节的商业价值和经济影响，研究它对电影业的影响，包括对发行和放映实践以及对电影估价和营销方式的影响，为电影制作公司与发行商推广新电影作品提供场所，吸引更多的观众和投资者。同时，电影节也对电影的估价产生影响，一些在电影节上获得好评的电影可能得到更高估价，从而收获更多的市场关注和投资[5]。二是从社会学视角出发，参加电影节可以对观众产生许多积极影响，其中包括增强文化意识和增加情感投入。如上海国际电影节的主要体验场所是展映影院，这个线下的城市文化体验场所为观众提供了与电影主创见面会的机会，营造了观众的体验空间，这种公共场域不仅有助于观众获得更深入的电影体验，而且有助于提高他们的文化理解能力和欣赏水平[6]。三是从传播学视角分析，电影节宣传活动和电影的传播方式尤为重要，包括利用传统媒体、新兴媒体，如社交媒体、移动应用、视频网站等，可以实现更全面、多层次的传播。同时，流媒体巨头对电影节的影响也愈来愈大，流媒体平台掌握更多话语权，借此思考电影节未来的发展方向与新秩序的形成，关注数字化和在线平台对电影节的影响和潜在的创新机会[7]。

3　科普场馆特效电影节品牌建设的重要意义

3.1　科普场馆举办特效电影节的优势

科普特效电影通过超视角画面、运动仿真、模拟环境等特殊放映技术寓教于乐，给观众带来独特的视听和感知体验，营造一种身临其境的氛围，让观众从生动有趣的影片中潜移默化地获取科学知识，更容易激发观众尤其是青少年观众的好奇心和想象力。特效影院放映的是专门面向公众传播科学而拍摄的影片，按题材分，包括前沿科技、航空航天、神奇自然、科学幻想等，采取引人入胜的叙事手法、富有哲理情趣，更耐人寻味，吸引原本对科技不感兴趣的观众参与其中。通过优质的科普特效电影和丰富的电影科普活动，展示科技发展成果，向公众传递热爱自然与崇尚科学的理念，是科普场馆利用科普特效电影开展科普教育的天然优势[8]，随着公众对科学知识，尤其是前沿科技知识的需求不断增加，这一优势就愈加显著。围绕科普特效电影组织开展的小组讨论、展览、见面会等活动，为科幻迷、科技爱好者、青少年群体提供了共享与交流的空间，促进了关于科学的讨论和学习，是兼具创新价值的活动平台。如纽约电影学院的科学电影节和机器人电影节等,这些电影节经常利用活动吸引科学家参与,特别是那些具有示范效应的院士科学家、网红科学家以及影视科学顾问等,从而形成带动科学家群体参与的效应[9]。科普特效电影作为向公众传播科学的一种重要手段,对提升公众科学素质具有推动作用[10],其科普优势和作用日益受到科普场馆的重视,在构建科技竞争力和价值观传达中发挥了重要作用[11]。

随着科技影片的发展以及国际特效电影交流需求的提升,科普场馆特效电影节展示来自世界各地、各种类型的特效电影,促进了不同文化的交流。科普场馆特效电影节作为促进行业交流的渠道和桥梁,可以吸引更多国际一流的特效电影和优质资源,参与各方开展深入合作。如德国耶拿的蔡司天文馆举办的耶拿球幕电影节、美国科罗拉多大学博尔德分校的菲斯克天文馆与科学中心举办的菲斯克球幕电影节、捷克布尔诺天文台与天文馆举办的布尔诺球幕电影节、葡萄牙埃斯皮尼奥天文馆举办的沉浸式电影节等。我们国内北京科学中心、北京天文馆、中国古动物馆、北京自然博物馆和朝阳规划艺术馆联合举办的北京国际科技电影展,上海科技馆科普特种电影周、山东省科技馆举办的山东国际科技电影展、中国杭州低碳博物馆举办的科普电影节等。借助科普场馆特效电影节,向国际科普场馆同行展示中国的科普场馆发展科技影片的方向和评价标准,将优质的产品和服务推向国际,其意义已超越了在国内科普场馆特效影院之间的传播,且已成为提升我国科普场馆国际影响力、传播力的重要平台。同时,这也是对建设具有国际影响力的科普场馆特效影院提出的要求,更是特效影院实现自身价值的内在要求[12]。

中国科技馆特效电影展映作为北京国际电影节的"科技单元"(以下简称"北影节科技单元"),是科普场馆领域电影节的创新品牌,其逐步明确了自身的定位,形成了具有惠民服务、社会教育和同行交流等多重功能的特色,更好地满足社会公众对科技文化的需求和提高自身科学素质的愿望。同时,通过促进国内外同行的交流与合作,了解最新的行业趋势和市场动态,不断推进创新,促进特效电影行业的发展。

3.2 科普场馆举办特效电影节的价值和意义

打造科普场馆特效电影节品牌对于科普场馆特效影院高质量发展具有重要意义和价值。科普场馆特效电影节可以广泛吸引不同年龄、知识背景、兴趣的公众,这意味着它作为一种有效传播方式,可以将科学信息传播给更广泛的受众。推动特效电影与科学普及、科学传播的发展和融合,有助于更好发挥特效电影的科普价值,为科普场馆赢得更多观众和社会影响力。目前,特效影院几乎已经成为国内外科技馆建设的必备内容[13]。

加强品牌建设有利于提高服务质量和科普场馆形象。作为科普场馆品牌建设的一部分,特效电影节品牌的声誉越高,其扩散效应越大,社会影响力越大[14],形象设计和声誉塑造更是对外宣传和市场营销的重要手段。社会认同理论可以为科普场馆品牌建设提供思路和方法。在社会认同理论框架下,消费者会对具有良好形象的品牌产生更高程度的品牌认同感,且品牌自我一致性也会进一步强化由品牌形象所激发的消费者品牌认同感[15]。作为公益性的公共文化基础设施,衡量科普场馆特效影院在社会群体中的作用和价值,需要与社会团体、社会成员进行交流与互动,由他们来评价并认可。通常认为,科普场馆特效影院社会认同度越高,其社会价值就越大。品牌的形象和声誉对于消费者的决策具有至关重要的影响,而社会认同理论提出了品牌如何建立自己的形象、提高自己的声誉以及如何影响消费者的决策。

4 北影节科技单元品牌建设的创新实践

北影节科技单元得到了广泛的关注和参与,成为吸引众多电影从业者与爱好者的重要活动,这背后的成功与品牌定位、品牌管理和品牌传播密不可分。品牌传播涉及电影节的组织方式,例如影片的选择和活动的组织等方面,以吸引公众的参与。此外,品牌传播还需要考虑特效电影所具有的科学内容和教育价值,深入挖掘电影节在公众科学传播方面的作用和最佳实践。

4.1 打造专业、前沿、创新的品牌形象是品牌建设的重要手段

“北京国际电影节”(简称“北影节”)作为北京市每年举办的最具国际影响力的大型文化活动之一,创办于 2011 年。2014 年起,中国科技馆特效电影展映与北京国际电影节合作举办活动。随着科技的发展,并受到科技和文化交融的影响,特效电影在电影制作中的应用越来越广泛,成为电影展映的重要元素。2018 年北京国际电影节正式设立了“科技单元”,由中国科学技术馆和中国自然科学博物馆学会科普场馆特效影院专业委员会共同主办,着眼于促进特效电影艺术创作水平的提升和中外科普场馆特效电影行业的交流与合作,致力于打造以科普惠民为目标、促进行业交流、具有积极作用的特色品牌(表 1)。“科技单元”片源主题丰富多样,不拘泥于常规,关注当下,注重结合现实社会视角,既包括地球自然类、太空探索类、科幻奇幻类、尖端科技类等类型,又包括对经济、社会、科技、文化等社会各个层面的缩影与展示,呈现出涉及面广、互动性强、影响力大等特点。

北影节科技单元以特效电影展映为基础活动,是将电影展映、科普活动、佳作评选、行业交流等多种元素有机融合的综合体,其初衷不仅为北京国际电影节注入了国际化的科技元素,同时兼具公众科学传播和科学教育功能。品牌定位和品牌传播

的成功对于吸引更多电影从业者和爱好者的参与以及增加社会认同的积极性有着重要的意义。此外,其涵盖了公共性、共享性和开放性,对于提升电影艺术创作水平、促进中外电影行业交流与合作也具有积极的推动作用。品牌定位和传播策略充分利用了社会情境、社会交往和社会认知等因素,通过科技和文化的交融,打造了一个以科普惠民为目标、促进行业交流的特色品牌。以上实践经验为电影节成功发展提供了一个有价值的案例。

表1　近五届特效电影展映概况

时间	主题	版块设置	参映影片
2023	光影科技,共话未来	电影展映、科普活动、行业交流、教育活动、佳作评选	11个国家37部优秀影片
2022	光影科技,同心笃行	电影展映、科普活动、佳作评选、行业交流;新增“光影科学梦——2022年度科学家精神电影”全国科普场馆巡映活动	9个国家的34部优秀影片
2021	电影,点亮科学之梦	以线上线下结合的方式开展,电影展映、科普活动、佳作评选、行业交流;新增“线上科幻主题电影沙龙”	18个国家的39部特效电影
2020	电影,点亮科学之梦	新增“线上科普活动”;主要以线上电影展映、线上活动直播、线上技术论坛等方式呈现	7个国家的27部特效电影和6部水滴奖获奖科幻短片
2019	电影,让科技更精彩	电影展映、科普活动、佳作评选、展示交流、学术论坛	12个国家的31部特效电影
2018	电影,让科技更精彩	电影展映、科普活动、佳作评选、展示交流和学术论坛	10个国家的30余部特效电影

4.2　彰显科普场馆理念,确保品牌识别度和知名度是品牌建设的重要保证

提出“品牌形象论”的大卫·奥格威认为,品牌形象的突出可以带来更大的市场占有率和利润[16]。对于科普场馆而言,挖掘代表性的独特主题有利于品牌形象脱颖而出并且吸引更多的关注。品牌定位是品牌建设的核心,应找准自身的定位并树立品牌意识,立足于自身的条件和资源禀赋,选择最能凸显自身特色的发展路径。

以北影节科技单元正式设立作为划分节点,第一阶段从2014年创立之初至

2017 年,是品牌初创阶段,通过电影展映、科普活动、佳作评选、展示交流、学术论坛等版块活动,丰富科普场馆特效影院片源、促进国产特效电影资源的研发。这个阶段建设重点是品牌建设和资源积累,为后续发展奠定基础。第二阶段为 2018 年至 2020 年,是北影节科技单元的品牌成长期。在此期间,科技单元的传播范围持续扩大,知名度显著提高,资源集聚功能进一步增强。此阶段品牌形象逐渐树立,吸引了更多观众。第三阶段为 2021 年至今,是北影节科技单元的稳步发展期,如"光影科学梦"——2022 年度科学家精神电影科普场馆全国巡映活动影响力不断扩大[17],进一步提升了品牌的知名度和社会影响力,努力成为同类特效电影节的引领者、推动者和示范者,形成了以科技单元为中心的紧密网络体系。

4.3 注重品牌价值管理,获得观众口碑和业内认可是品牌建设的关键环节

尼尔·G·科特勒在《博物馆营销与战略》一书中指出:每家博物馆都应该努力在公众中树立一个独特的形象。市场定位反映出一家博物馆的独特性和竞争性。市场定位涉及思想的联系、形象的打造、独特之处的宣传和竞争优势的确立[18]。品牌管理通过设计特色版块、提升认可度和公信力、有意识构建网络等方面来实现。北影节科技单元通过一系列特色活动,如特效电影嘉年华和沙龙等,大力开展品牌培育和声誉积累工作。特效电影嘉年华增加了观众对影视科技的互动体验。该活动包括多项以影视为主题的互动内容,如 4D 版《流浪地球》和《头号玩家》,虚拟现实体验展品如驰月飞车、失重日记和攀爬天梯等。同时,科普活动版块依托优秀电影资源,聚焦科学精神和科学家精神,邀请科学家、影评人、科普人或影片制作团队,以沙龙对话、观众互动的形式对电影中的科学内涵进行科学解读和延伸。这些活动丰富了科技单元的品牌内涵与传播方式。

北影节科技单元通过奖项评选来提高电影创作能力,同时赢得了广泛的信任和声誉,吸引更多优秀的作品参加电影节,逐步扩大知名度并不断提高电影节的权威性。根据社会认同理论,体现社会价值是北影节科技单元获得社会的接受、认同的基础。同时,由社会来评价、认可也是北影节科技单元生存和发展的动力。北影节科技单元的评奖过程从奖项设立、评奖、授奖过程中得到同行认可和观众对电影和电影节的反馈,形成"公平、公正、公开"的奖项评审氛围,明确反映出特效电影的质量,从而赢得观众的认同。佳作评选版块由 200 位大众评委评选出入围影片,再由 5 位行业专家对影片进行评审,评选出最佳观众推荐影片、最佳科学传播影片、最佳创意影片、最佳特效设计影片和最佳国产影片等奖项。这些奖项对于激发特效电影和科幻电影的创作积极性、提高电影创作能力、促进科学传播和艺术创作的融合具有

重要的意义。从近五年的主要获奖影片可以看出,特效影片题材聚焦科技发展、生存环境等人类共同的关注点(表2),一大批优秀影片在观影热度、社会影响和舆论关注等方面都赢得了赞誉。因此,电影节的奖项在大众、专家中赢得了广泛的信任,随之建立起稳固的声誉。

表2　近五年特效电影展映获奖影片名单

时间	奖项	获奖影片
2017	最受观众欢迎影片	《从梦想到发现》(球幕)、《美丽星球》(巨幕)、《乐高大电影》(4D)
	最受观众欢迎国产影片	《侏罗纪大冒险》
	最佳影片	《从梦想到发现》(球幕)
2018	最佳观众推荐影片	《美国音乐之旅》
	最佳科学传播影片	《海洋》
	最佳创意影片	《后院风光》
	最佳特效设计影片	《地球你好》
	最佳国产影片	《黄土高原》
2019	最佳观众推荐影片	《太空探索》
	最佳科学传播影片	《火星1001天》
	最佳创意影片	《大堡礁探险》
	最佳特效设计影片	《旅行者:永无止境的旅程》
	最佳国产影片	《非洲大草原》
2021	最佳科学传播影片	《露西娅:流星之谜》《绿色长城》《熊猫传奇—智脑危机》
	最佳创意影片	《魔力星球:四季更替的故事》
	最佳特效设计球幕影片	《地外世界》
	最佳特效设计巨幕影片	《神奇的洋流》
	最佳特效设计4D影片	《象鼻兽历险记》

续表

时间	奖项	获奖影片
2022	最佳科学传播影片	《水上之翼》《地平线:可见宇宙边沿之外》
	最佳特效设计影片	《暴力星球》
	最佳国产影片	《皮皮的火星梦》《玩偶骑兵之童心拯救》
	最佳观众推荐影片	《章鱼:蓝色星球 II》
2023	最佳科学传播影片	《大自然隐藏的王国》
	最佳特效设计影片	《探寻小行星》
	最佳观众推荐巨幕影片	《北极:冰冻星球》
	最佳观众推荐球幕影片	《魔法珊瑚》
	最佳观众推荐 4D 影片	《童年太阳系》
	最佳国产影片	《童年太阳系》
	最佳科学家精神影片	《九零后》

注:2020 年受疫情影响,未组织评奖活动。

北影节科技单元作为资源共享的公共平台,是科普场馆特效影院构建强大合作网络的重要抓手。北影节科技单元在展出期间为世界各地特效电影从业人员提供了一个互相学习、交流、合作的平台。通过开展合作推广活动,服务科普场馆特效影院的影片采购。科普场馆特效影院影片来源主要以每年采购影片播放权、自制影片以及影院设备商家赠送为主。然而,大量场馆并不全面掌握科普影片市场行情,对影片质量信息也了解不多。获奖影片经过北影节科技单元评审和筛选,具有一定的品质保障和信誉。通过展映影片的形式,全国科普场馆特效影院管理者可以从中了解潜在采购影片的内容、制作、社会评价等特点。这样的展映过程能推动更多优质特效影片的采购与播放。北影节科技单元的品牌价值进一步彰显。北影节科技单元成为科普场馆特效影院发展的重要引擎和强大推力。

4.4 采用多种渠道,线上线下整合宣传,提高美誉度是品牌建设的重要工具

立体化传播矩阵大大提升了北影节科技单元在社会上的知名度,增强了公众的参与意识,对电影节活动有了更多的接触。多种媒体传播方式与“5W”传播模式相结合,形成立体化传播矩阵,有利于接触更广泛、更多样化的受众,以提升北影节科

技单元的知名度及公众参与意识。疫情后“科技单元”首次采用全新的云上电影节形式,突破空间局限,实现了量的飞跃。2020 年线上科普活动版块联合北京天文馆和上海、天津、吉林、辽宁、内蒙古等地科技馆,依托线上展映影片共同打造了 14 期线上科普活动及视频资源,活动通过各馆官网、官微以及百家号、知乎、光明网、百度等直播平台,抖音、快手等新媒体共同推广。利用新媒体时代的数字化优势最大化扩散和宣传效果,扩大影响力。

建立全球沟通机制,加强与大银幕影院协会(GSCA)和国际天文馆学会(IPS)国际合作,有助于扩大电影节的国际影响力,使其成为全球特效电影汇集、展示和交流的平台,推进世界科普电影的发展。如 2022 年,大银幕影院协会和国际天文馆学会作为大银幕电影行业领导者和天文教育行业的全球性组织,首次成为本届电影节活动的主办单位,在展映影片、国际宣传与交流等方面发挥突出作用,与大银幕影院协会和国际天文馆学会的合作,有助于引入更多国际优秀的特效影片;作为全球性组织,大银幕影院协会和国际天文馆学会的参与,可以吸引更多国际业内人士和观众的关注。这种国际合作关系也为电影节的品牌建设提供了有力的支持,电影节得以扩大国际影响力,获得更多国际资源的支持。

5 以品牌建设提升科普场馆特效电影节质量的思考

国家电影局、中国科协共同印发《关于促进科幻电影发展的若干意见》,明确提出“把握科技前沿、传播科学思想、弘扬科学家精神,推动科学精神和人文精神融合,努力打造思想精深、艺术精湛、制作精良的中国科幻电影。”支持各级科普场馆推进资源共享,丰富片源供给。社会、同行、公众对科普场馆的认可是通过考察科普场馆供给的产品质量和服务来体现的,通过品牌建设来精准定位,形成独特的、差异化的发展路径[19],具有良好的口碑、得到公众的认可,使科普场馆特效影片的科普服务与品牌融为一体。因此,科普场馆品牌定位、管理与传播,应注重回应社会对特效影片质量的关注,以独有的资源和展现方式为社会和社会大众服务,打造令公众满意的观影体验,是科普场馆特效影片得以广泛传播的关键因素之一,也是科普场馆电影节品牌形象塑造的关键。

5.1 构建科普场馆特色的特效电影节活动体系

为了持续增强电影节的“吸睛”程度,需要通过不断策划、创新各种活动来提升自身的社会影响力。如科学家精神电影科普场馆全国巡映活动,通过全国的科普场馆向公众展映《钱学森》《袁隆平》《我是医生》等科学家电影,解读中国科学家精神。

同时由于制作精良、确保具有最高的质量和相关性，可以吸引全国各地的场馆参与，形成跨地域的强强联合。后续可以继续开发诸如主创见面会、电影闯关活动、发烧友沙龙、众筹众创影片等特色活动，持续增强电影节的吸引力，服务科普场馆特效影院行业发展，形成有效的科学传播和广泛的社会影响力。

5.2 树立特色的特效电影节服务理念

一旦建立品牌识别，就可以通过观众、会员、捐助方和其他利益相关者的频繁传递来维护。北影节科技单元已经拥有了稳定的受众群体，观众对中国科普场馆特效电影展映的热情持续升温。展映作为科技单元的核心环节，为中国科普场馆赢得了观众口碑，形成了规模效应，树立了良好的形象。根据使用和满足理论，提高观众满意度，是北影节科技单元品牌成功的关键。应进一步针对不同受众的关注特点，分类设计不同的活动与针对性的传播路径来吸引潜在群体。品牌可以为科普场馆及其节目创造一种信任感，这反过来又可以影响公众对科学的看法。通过收集观众对科普场馆提供的电影和活动的反馈，科普场馆可以更好地了解什么能引起观众的共鸣，什么不能。这些反馈可以用来指导未来的电影和活动选择，以更好地满足观众的需求和兴趣，调动公众观看特效电影的积极性和主动性，逐步形成特效电影观影文化。

5.3 强化特效电影节资源汇聚的平台功能

根据社会交换理论，以第三方背书、跨界合作、行业交流等方式强化品牌推广，实现多方合作，逐步形成更加可信、互惠的开放共赢的良性发展生态。充分发挥科普场馆体系的作用，建立电影节联动机制，共享资源，促进协同发展。科普场馆特效影院专业委员会通过组织行业展示交流会，立足科普场馆和特效电影市场的切实需求，为供求双方搭建交流和交易平台，促进行业学术交流，加强场馆间合作，增进场馆与企业间互动服务，创作更多的原创特效电影。筹划建立全国科幻科普电影联盟，积极推动科普电影行业的共赢发展，促进全国科普场馆特效影院事业健康有序发展。

5.4 多途径促进媒体合作，提升国际传播影响力

制订精准传播策略，利用线上线下推广，加大宣传力度，在宣传中继续发扬传统媒体带头作用，提升北影节科技单元在门户网站的曝光度，同时用好新媒体，扩大品牌在青年群体中的影响力，发挥融媒体的聚合优势，打造立体式、多维度的传播格局，巩固品牌知名度。随着中国特效影片逐渐得到国际同行的积极评价，以北影节

科技单元为平台,形成“你中有我,我中有你”的传播模式,促进中国特效影片在海外的有效传播,凸显北影节科技单元促进多元科技文化交流发展的国际影响力。

6 结　语

北影节科技单元在自身的品牌优势和特色定位上,通过科普特效影片服务公众科普需求,同时促进科普场馆特效影院从业人员之间的沟通和合作,为特效电影市场提供交易、交流的平台,取得了良好的社会效益,形成了独树一帜的品牌。展望北影节科技单元的未来发展,作为我国科普场馆领域特效电影展映的自主品牌,打造属于自己的知名度,树立国际性权威,在全球化的电影格局下,进一步扩大自己的影响力是主办方长期的目标和责任。特效电影的叙事方式和表现形式是国际科普场馆同行之间的共同话语和实践,是发展共情传播的重要手段,是科技文化软实力的关键组成元素,更是一种文化力量,是体现国家综合国力的最佳载体之一。这个品牌非常年轻,有很大的成长空间,亟须中国科普场馆特效电影展映主办方、电影业界、媒体等各方力量共同努力。

参考文献

[1] 吴丹,唐剑波,郑丹.我国科普特效电影发展策略研究:以北京国际电影节科技单元获奖影片为例[J].科普研究,2023,18(1):19-25,33,105-106.

[2] 赵艳.国际电影节的本体文化功能及影响[J].电影文学,2023,817(4):15-19.

[3] 陆筱璐.促进城市文化消费持续增长[J].开放导报,2017,195(6):93-96.

[4] 杨琳,许秦.影响力与多元价值实现:丝绸之路国际电影节影响力研究[J].同济大学学报(社会科学版),2020,31(1):49-59.

[5] 毛逸源.文化经济学视域下宁波国际微电影节的价值构建、模式转型与路径拓展[J].文化产业,2023,262(9):61-63.

[6] 朱晓丹.复兴、多元与体验:上海国际电影节的空间生产[J].视听,2023,189(1):26-30.

[7] 杨涵.线上影展未来发展的可能性[J].中国电影市场,2023(4):24-29.

[8] 吴文忠,王晨,张志浩.浅谈科技馆特种影院科普教育功能实践与思考:以上海科技馆为例[J].现代电影技术,2022(1):32-37,61.

[9] 姚利芬,陈玲.科技传播与影视融合历史及机制研究:以中美相关实践为例[J].科普研究,2023,18(1):9-18,105.

[10] 顾冰.特色化科普活动之科技馆电影节[J].科技传播,2017,9(5):119-120.

[11] 杨溟，何坤．趋势假设中的预览：中外科幻电影未来性与媒体性探析[J]．电影新作，2022(5)：37-48，1．

[12] 李庆阳．国际电影节运作模式探析[J]．现代传播（中国传媒大学学报），2014，36(11)：167-168．

[13] 吴文忠．科普场馆特种影院科普功能提升策略研究：以上海科技馆为例[J]．中国电影市场，2023(3)：38-42．

[14] 陈玲．博物馆品牌形象传播的实践与策略研究[J]．中国博物馆，2022，149(2)：80-85．

[15] 许军林．公共图书馆提高社会认同策略研究[J]．图书馆，2012(5)：46-49．

[16] 范秀成，陈洁．品牌形象综合测评模型及其应用[J]．南开学报，2002(3)：65-71．

[17] 唐剑波，赵然子．科普场馆特效影院弘扬科学家精神的实践与思考：以科学家精神主题电影展映等活动为例[J]．今日科苑，2022(4)：60-66．

[18] 尼尔·G．科特勒，菲利普·科特勒，温迪·I．科特勒．博物馆营销与战略[M]．刘硕译．北京：机械工业出版社，2021．

[19] 孙颖．大学声誉因素：构成、特点、问题及建议[J]．黑龙江高教研究，2017(10)：21-25．

Innovation Practice and Reflection on the Brand Building of Popular Science Venues Film Festival in China: A Case Study of the "Technology Unit" at the Beijing International Film Festival

Jia Shuo, Wang Li, Mo Xiaodan, Ma Yugang

China Science and Technology Museum, Beijing 100101

Abstract In recent years, a number of popular science venues in China have started to hold local science film festivals. However, compared with the internationally renowned film festivals held by popular science venues, there is still a gap in brand building, and a large room for development. This article takes the innovative practice of the "Science and Technology Unit" of the Beijing International Film Festival as a research object. It explores the application of social identity theory in the brand building of popular science venues. Starting from the aspects of brand positioning, brand identification, brand management, and brand communication, it explores the effective ways to expand the influence and reputation of special effects film in popular science venues. This includes planning and innovating types of activities, optimizing the brand experience in response to audience demands, maintaining favorable collaborations with multiple parties, and intensifying promotional efforts through various online and offline channels. The ultimate goal is to provide a valuable reference for the branding of similar special effects film festivals in domestic popular science venues.

Key words Beijing International Film Festival; brand construction; popular science venues; special effects film

作者简介

贾硕,北京人,工程师,中国科学技术馆影院管理部,主要从事科技馆特效影院运行与管理研究。

通信作者简介

马宇罡,河北昌黎人,中国科学技术馆科研管理部副主任、副研究员,主要从事科普理论与实践研究,国外科技馆研究。

基金项目

中国科技馆2021年度馆级课题“国外知名科技馆行业声誉形成路径研究”项目(KYXM-B-2021-03)。

史海撷英

近来的确很忙：20世纪80年代初期的王锦光

李广进

中国科学技术馆，北京 100101

摘　要　王锦光是中国高校开创科技史学科的代表性人物，于科技史的人才培养及学科发展厥功至伟。本文通过笔者所藏王锦光致姜长英的亲笔书信、胡道静为其著作而写的推荐手札以及书评剪报等资料，来钩稽王锦光在20世纪80年代初期的学术往事，用新见史料为其学术生平拾遗补缺。

关键词　中国科技史；中国物理学史；科技史家；王锦光

1　中国科技史选修课

1981年春节刚过，杭州大学（以下简称杭大）[1]物理系副教授王锦光走上了杭大历史系讲台，开讲中国科技史。这虽然只是一门选修课，但对于有正常教学任务的王锦光来说，因此而增加的工作量也着实不小，导致给老友"长英"同志的回信都推迟了几日。

长英同志：

来信收悉，因事忙迟复为歉。忙大部分忙于备课，"中国科技史"备课很花时间。

您如能替您校开设"中国航空史"那是很好的，可以总结您的研究工作，这对四化有贡献，对科技史有贡献。

您替《航空知识》写"短文"落实了吗？您在"文化[大]革命"后为《航空知识》写了哪几篇（包括重登的）？请抄示给我！文章还有多余的，也请送

---

① 1952年全国高等院系调整，原国立浙江大学被拆分，其原有的师范学院、文学院和理学院重组成浙江师范学院，1958年更名为杭州大学。

给我，因为我对您在“文化[大]革命”前的航空史的文章我现在保存着，而且有时要参考。我们通讯到现在恐怕超过二十年了吧，可惜“文革”前的文件都损失了，如果都保存，那该多么有意义……”①

收信人“长英”，全名“姜长英”，1904 年生于上海川沙，是我国著名的航空史学者。1952 年全国高校院系调整，姜长英先随上海交大航空系并入华东航空学院，后随校西迁任教于西北工业大学[1]；王锦光则由温州中学调入浙江师范学院、杭州大学物理系[2]。信中言彼此“通讯到现在(1981)恐怕超过二十年”，推测二人的定交恰似在院系调整后的 20 世纪 50 年代末至 60 年代初，而那时正是中国科技史学科建制化和科研工作职业化的初创阶段[3]。

1956 年第一次全国科学史讨论会在北京召开，姜长英出席了讨论会，王锦光虽然无缘与会，但在时隔近 30 年后的 1983 年还能对姜长英有：“您是科技史界的元老，56 年在北京，第一次科学史会议的出席者”的准确表述，②也可见王锦光对姜长英学术活动既深且久的关注。进入 20 世纪 60 年代，他们治史之心豪壮。1960 年姜长英受清华大学刘仙洲教授委托，开始为编写《中国航空史》做准备[4]；而彼时的王锦光也在积极地搜集中国物理学史资料，为编写《中国物理学史》做准备[5]。所以依当时的学术背景和书信用语来综合分析，二人自 20 世纪 50 年代末 60 年初已开始学术交流的可能性很大。

但是好景不长，随之而来的政治运动，不仅搁浅了他们的科研梦，也切断了彼此的沟通途径。但即便“‘文革’前的文件都损失了”(依前半句“通讯”推测，“文件”似指信件一类)，至少“在‘文化[大]革命’前的航空史的文章我现在保存着”，“风暴”可以吹散书桌上的稿纸，却刮不乱那颗坚定的读书之心。王锦光用“读书、教书、著书”总结自己的一生[6]，并视“读书为第一需要”，认为“书籍是贮存人类世代相传智慧的宝库，必须天天读书”[7]。所以“文革”期间他在从事扫马路、搬桶装水等重体力劳动的同时，也依然坚持阅读每期的 *Physics Today*[8]。在特殊的岁月里“阅读”或许是涤荡现实忧愁的最佳方式，而重温故友的文章才是重塑学术信心的良药。

1978 年教学工作步入正轨，王锦光成为我国改革开放后首批物理学史的研究生导师。不仅如此，为了科技史学科的长远发展，他同姜长英还致力于科技史类选修课的实践工作，这便是信中提到的“中国科技史”和“中国航空史”。

王锦光的“中国科技史课”开课于 1981 年 2 月寒假过后的新学期，书信落款的“1981.5.14”已是学期过半，但王锦光备课依旧用心，“他在自己多年来研究中国科

① 王锦光致信姜长英，1981 年 5 月 14 日。

② 王锦光致信姜长英，1983 年 7 月 20 日。

技史的成果基础上，从浩如烟海的大量古籍中精心选取有关资料，生动地把中国古代的科技发展再现课堂之上”[9]，因此，备课花掉王锦光的大部分时间便在情理之中。姜长英开设的“中国航空史课”比“中国科技史课”稍晚，正式开课于 1982 年 9 月[4]。但依信中“您如能替您校开设‘中国航空史’那是很好的……”的鼓励之言推测，就科技史类选修课的开设问题两位先生定有丰富讨论，只惜囿于资料的短缺，详情不得而知。不过在随后 8 月 7 日王锦光致姜长英的另一封信中，则有关于杭大中国科技史课课程设置的深度交流（图 1）。

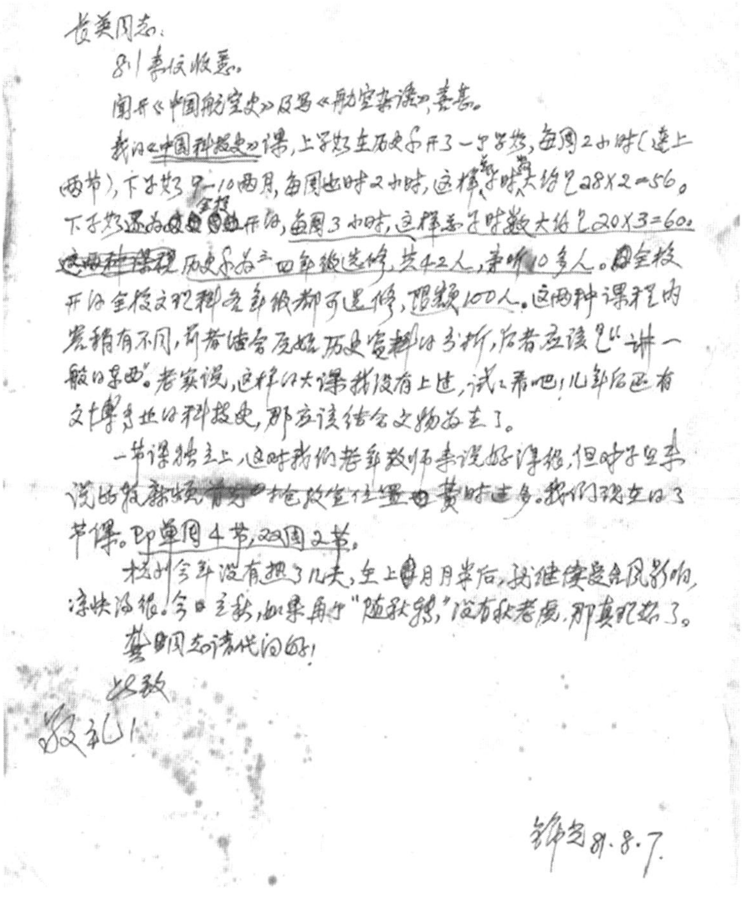
长英同志：
8/1来信收悉。
闻开《中国航空史》及写《航空杂谈》，甚喜。
我的《中国科技史》课，上学期在历史系开了一个学期，每周2小时（连上两节），下学期9-10两月，每周也是2小时，这样总学时数大约是28×2=56。下学期还为全校开设，每周3小时，这样总学时数大约是20×3=60。历史系为三四年级选修，共42人，旁听10多人。全校开的全校文理科各年级都可选修，限额100人。这两种课程内容稍有不同，前者侧重于历史资料的分析，后者应该是“讲一般的东西”。老实说，这样的大课我没有上过，试试看吧！几年后还有文博专业的科技史，那应该结合文物为主了。
一节课挤在上[illegible]，这对我们老年教师来说好得很，但对于学生来说[illegible]抢坐位置[illegible]费时过多。我们现在的3节课。即单周4节，双周2节。
杭州今年没有热了几天，在上月月半后，就继续受台风影响，凉快得很。今日立秋，如果再“随秋热”，没有秋老虎，那真好了。
[illegible]同志请代问好！
此致
敬礼！
锦光 81.8.7.

图 1　王锦光 1981 年 8 月 7 日致姜长英书信

长英同志：

我的“中国科技史”课，上学期在历史系开了一个学期，每周 2 小时（连上两节），下学期 9－10 月，每周也 2 小时，这样总学时数约 28×2＝56。下学期还为全校开设，每周 3 小时，这样总学时数大约是 20×3＝60。历史系为三四年级选修，共 42 人，旁听 10 多人。全校开的全校文理科各年级都可选修,限额100人,这两种课程内容稍有不同,前者结合原始历史资料的分析,后者应该是“讲一般的东西”。老实说,这样的大课我没有上过,试试看看吧!几年后还有文博专业的科技史,那应该结合文物为主了。

一节课独立上,这对我们老年教师来说好得很,但对学生来说比较麻烦,首先抢教室位置费时过多……①

书信详细地记录了杭大中国科技史选修课的时间安排、选修人数、授课方法等内容,是一段难能可贵的关于高校开设科技史类选修课的确凿史料。

王锦光开设“中国科技史课”的缘起与他1980年参加“中国科学技术史学会代表大会”受到与会专家的鼓舞有关,但王锦光明白“教科学史,六大基础课都要有所了解,且对历史要通”,对此他并无十足的信心[8]。但从信中王锦光为学生上课抢座位费时过多的忧虑心情看,“中国科技史课”还是深受学生们欢迎的,达到了预期的教学效果。除此之外,选修规模的扩大也证明了“中国科技史课”的成功。因此到1981年9月的新学期,除了保留历史系的课程外,其他院系的文理生也被纳入了选修范围,并“限额100人”以“大课”的授课方式进行,总课时则由原来的每周2时增加至每周5时,选修人数也由原来的52人增加至150余人。信上遗留有姜长英阅信“红线”,正是“中国科技史课”的安排重点,见图1。而姜长英的“中国航空史课”最终也选择了“大课班”的授课方式,每班同样限定了100人左右的选修规模[4],这大概可算是从锦光先生处“取经”的结果吧。

王锦光在教学工作实践中从不依赖以往的讲稿照本宣科,而是善于及时调整教学方法。同一门课程在不同的学期讲授,他都会添加与课程知识点相关的新内容,而舍弃过时的内容[10]。具体到“中国科技史课”的方法改进上则是依据生源的变化,对课程内容和授课方式进行调整。由于历史系的学生具备一定的专业素质,就结合历史文献深入地讲,而针对其他院系的文理生,则本着科学普及的目的通俗易懂地讲。可见“中国科技史课”是王锦光认真思索后而付诸实践的。

王锦光虽然对“中国科技史课”的质量并不十分满意[8],但在科技史方兴未艾的时代还是得到了专家学者的肯定与支持。1983年杭州大学古籍研究所成立,时任所长的姜亮夫②教授,以“志在千里”的决心,为杭大学子设计了“体大而思精”的古典素养培训计划,经过姜亮夫的反复斟酌和深思熟虑,为古籍研究所首届古典文献专业研究生讲授中国科技史的任务落在了王锦光身上[11]。同年12月,第二届国际中国

① 王锦光致信姜长英,1981年8月7日。

② 姜亮夫(1902—1995):云南昭通人,我国著名的历史文献学家、教育家,在楚辞学、敦煌学、语言音韵学等方面均有很深的造诣。

科学史会议在香港召开，王锦光以简报的形式向大会汇报《杭州大学开设中国科学史课概况》，引起了与会者的浓厚兴趣[12]。

2　研究生培养

我国物理学史研究生的教学工作，最早可追溯至 1952 年王竹溪①教授对胡慧玲的培养，但受限于时代因素，胡慧玲对物理学史教育及科研工作未能从一而终[13]，而北大重获物理学史研究生的培养资格已是 1986 年的事情了[14]。

王锦光早在 1965 年也曾发布过研究生的招生信息，但受“文革运动”冲击终致生源不足，培养计划未能成愿[15]。所以中国物理学史研究生培养的正常化和制度化发展是自改革开放以后。1978 年王锦光开始培养杭州大学首届物理学史研究生，先后招生四届，共培养研究生 10 名，同时他还担任多所高校的兼职教授[15]，为物理学专业和物理学史专业的研究生授业解惑。而关于研究生的招生计划、生源数量、授课经历等，更是他与姜长英鱼雁往还的热点话题，此中王锦光诚意惜才之心的流露更是令人印象深刻：

> 今年[1984]我招的研究生，报名的有 47 人，比去年还多了 5 人，一方面是好的，后继有人；但另一方面也为难了考生，心中不安。②

让王锦光心感不安的原因，在同年 7 月致姜长英的另一封书信中便可间接找到答案：

> 这半年总体如意地过去了，下半年恐怕更忙，因为我共有 5 名研究生(一年级三名、二年级两名)，还有些外宾。③

从信中“一年级三名”的解说中便可得知，王锦光 1984 年最终只录取了 3 名研究生，与前一年相比，虽有增加，也仅 1 人而已。王锦光研究生选拔及培养的严谨态度，或是深受 20 世纪 80 年代初期科技史界“重质不重量”学风的影响。“重质不重量”的教学方针，是叶企孙先生长期教学经验积累的成果，“其用意在不使青年人徒废其光阴于所不能学者”[16]。钱临照院士将其视为“清华物理系培养人才的经验”，并将其在科技史教育领域发扬光大，倡导教职人员要控制学术论文的发表数量，将心思更多地转移到研究方面；为了保障教学质量，招生人数也被严格限定[17]。

---

① 王竹溪(1911—1983)：湖北省公安县人，物理学家、教育家、中国热力学统计物理研究开拓者。

② 王锦光致信姜长英，1984 年 2 月 3 日。

③ 王锦光致信姜长英，1984 年 7 月 23 日。

叶企孙和钱临照在科技史研究方面均具有精深造诣。叶企孙是最早将科技史研究放在与数、理、化、生、地及应用工业同等重要地位的学者[18],他精通天文学史、物理学史,旁及数学史、化学史等,还通晓阿拉伯天文学史和光学史,曾讲授过《墨经》《考工记》《世界天文学史》《中国物理学史》课等课程[16]。临照在37岁时因发表《释墨经中之光学、力学诸条》而享誉科技史坛,并对李约瑟走上中国科技史的研究道路影响深远[19],改革开放后,钱临照在中国科学技术大学(以下简称中科大)创立自然科学史研究室,把更多的精力投入到了科技史学科发展及教研工作上。

王锦光曾受教过叶企孙先生的物理学史讲座,并直接影响了此后杭大"中国物理学史"研究生课的内容设置;关于物理学与物理学史的关系问题,王锦光也曾应邀参加叶企孙组织的研讨会;20世纪60年代初期,王锦光筹划编著《中国物理学史》一书,叶企孙和钱宝琮两位先生曾邀请在京专家对其大纲进行研讨并确定大纲内容[8]。而王锦光与钱临照在教研工作上的合作更为密切,曾直接作为中科大的兼职导师协助其完成研究生的培养。

姜长英同志:

1.21来信收接,因杂事过多,迟复为歉。

……

昨天接到科大(合肥)来信,云:钱老招了八名物理学史研究生,请一些科技史工作者去上课,有严敦杰、席泽宗、薄树人等同志,我在被邀之列,时间约在四五月份,这个做法很新鲜,既是讲课,又是学术交流!……①

中科大科学史专业初创时期,研究室的专职人员仅3人[20],鉴于有限的师资力量,钱临照一方面奉行"重质不重量"的教学方针,另一方面便是采用王锦光书信中盛赞的"既是讲课,又是学术交流"的外聘导师方式。王锦光在中科大主要讲授中国光学史,因为这是他毕生攻研的课题,并取得了国际学界的认可[21],除此之外他的"假如我是一个物理学史研究生"的演讲更是好评如潮,中科大特将其编印成册,作为科学史研究室研究生自律求学的引路指南[22]。

信中提到的严敦杰、席泽宗、薄树人三位先生,都是当时科技史界的权威代表。严敦杰和席泽宗是中国科学院自然科学史研究室首批专职人员;薄树人1957年进入自然科学史研究室,研究天文学史40余年[23]。1978年自然科学史研究所恢复研究生培养,1981年和1984年又先后获得"数学史"和"天文学史"博士学位授权资格,严敦杰和席泽宗是首批数学史和天文学史的博士生导师[24-25]。

四位兼职导师的"治学之道"除了求实严谨、思想灵活、因材施教等共同优点外,

① 王锦光致信姜长英,1982年2月4日。

育人方法也各有千秋。严敦杰善于文献积累考证后的“见解独创”[26];席泽宗崇尚事物联系的“处处留心”[24];享有“活字典”美誉的薄树人执著于“文章不成熟决不发表”[23];而王锦光追求的则是“功夫在剑外”的信手拈来而“不刻意搞‘教学法’”[27]。

钱临照以科学大家的人格魅力感召和团结的这批校外兼职教授,为中科大科学史人才培养及学术发展做出了突出贡献,不仅助力科学史研究室成为蜚声海内外的科学史学术机构[28],其外聘导师的教学模式更是形成了中科大研究生培养的教学传统[29]。那一代科技史学人的集体付出,最终也换来了高校科技史学科发展的“春天”。王锦光作为这个“集体”中的重要一员,也从未停止耕耘的脚步。

3 学术会议

“时间约定在四五月份”的课程,王锦光最终在5月中旬至5月底完成,而授课一结束,他又马上投入到了中国科技史学会物理学史讨论会的筹备中。

姜长英同志:

我因到合肥中国科技大学讲课与物理学史座谈会,所以迟复为歉。

5.15我离开杭州,到中国科技大学讲课,对象是为该校科学史研究室研究生。我讲了5课,5.31离开科大,到南工、南大,参观了实验室,看望了旧友。在科大还看了加速器,所得颇大。

6.4赶回杭州,参加中国科技(史)学会物理学史讨论筹备会。筹备会是在6.8—6.10在杭大召开。到会代表有王福山先生,戈革、潘永祥、金尚年、张瑞琨、王肃端等同志。决定在8.4—8.10在浙江上虞召开,推王福山先生为正组长,我与戈革为付(副)组长。

我这次论文为《张福僖与〈光论〉》、《中国测温简史》,这两篇是与青年同志合作的。寄上请指正……①

“筹备会是在6.8—6.10在杭大召开”。如果说会议选址于杭大,是鉴于杭大科技史学科“欣欣向荣”的发展态势[15],那么筹委会推选王锦光为副组长,便是对他在物理学史教育及研究方面做出贡献的考虑了。同被推为副组长的戈革先生,时任华东石油学院(中国石油大学前身)物理学史教授,以研究量子物理学史名世,因专研“尼尔斯·玻耳”成绩显著,于2001年获得“丹麦国旗骑士勋章”[30];组长王福山先生师从德国量子力学创始人海森伯、玻恩等物理大师[31],主持同济大学和复旦大学物理系工作30余年,1980年起学术转向近代物理学史研究和研究生的培养[32]。而筹

① 王锦光致信致信姜长英,1982年6月17日。

备会的其他代表,潘永祥、金尚年、张瑞琨也都是当时物理学史界的活跃分子,分别在北京大学、复旦大学、华东师范大学的物理学史教育及研究方面成绩斐然;即便最年轻的王肃端,虽刚入职自然科学史研究所近现代研究室不久,但其严谨而又执着的治学风格,不仅得到了许良英先生的肯定,其执笔的《20世纪科学技术简史》一书中"核物理史"部分更是得到钱三强及其夫人何泽慧的赞赏。① 锦光先生在杭大组织的筹备会,其堂堂之阵之势,或早已注定了正式会议的成功。

但"决定在8.4—8.10在浙江上虞召开"的物理学史讨论会,最终于11月24日至30日在北京完成。会议围绕古、今、中、外物理学史的研究状况展开讨论,欲以"百家争鸣"的方式来拓宽研究思路,旨在于学术互补的基础之上为治学态度和治学方法以新的启示。讨论会除全体会议外还细分有"中国物理学史组""量子物理学史组""其他组"三个研讨小组[33]。依王锦光的研究特长,作为大会副组长的他,推测应是中国物理学史组的主持。而与青年同志合作的《张福僖与〈光论〉》(与余善玲合作)、《中国测温简史》(与闻人军合作)两篇论文也该是小组会上交流的热点吧。

虽然王锦光的研究重点在中国物理学史方面,但他并不囿于自己的研究领域,而是积极地与近代物理学史研究者保持沟通、交流与合作,其合作成果在高校物理学史教材建设方面表现得尤为突出。1986年北京师范大学陈毓芳和邹延肃合编《物理学史简明教程》,王锦光担任"中国古代部分"一章的主审[34];1988年东北师范大学谢邦同教授主编出版了《世界经典物理学简史》,其序言便出自锦光先生之手[35];1990年王锦光与潘永祥、金尚年合作主编的《物理学简史》一书[36],更可见其与近代物理学史研究者学术往来的密切。当然并不限于教材建设,在高校科技史课的课程设置及师资培养方面王锦光也同样贡献突出。

姜长英同志:

我在10.18离杭,赴武汉参加教育部委托华中工学院合开的"高校科技史教学与研究专项讨论会",到会代表约80人。教育部一司司长黄天祥同志讲话,讨论了该课程的目的、地位,师资培养,教材建设等四项。10.27乘长江轮至南京,在南京工学院为该院物理系研究生讲课。11.3乘火车到上海,为华师大研究生与进修班讲课,11.12晚返校。您赠书的消息,我在南京得知。

…………

83年我再招两次物理学史研究生。现在正计划编著《中国物理史》,六

① 学人君.许良英诞辰100周年:从追求科学到追求做人[J].澎湃新闻.

年定成。①

从“10 月 18 日离杭”至“11 月 12 日返校”，王锦光几乎一整月都在外出参会或讲学。20 世纪 80 年代初期的科技史教育界，虽然仍很“冷门”，但其蒸蒸日上的发展态势已彰明较著。1981 年国务院公布了首批博士、硕士学位授权单位，享有科技史博士、硕士授予权的高校及科研单位共计 17 家[37]，但在华中工学院②召开的“高校科技史教学与研究专项讨论会”上，向大会提供科技史教学及研究工作书面材料的院校共有 42 所之多[38]，可见高校对科技史学科的创建及发展前景既饱含热情又信心满满。

会议研讨的议题，书信也概括得明白，关于科技史课“课程设置的目的、地位、师资培养、教材建设”等四项内容。我国科技史研究生的培养实际上是在高等院校和中国科学院自然科学史研究所两个系统分别完成的，前者以培养师资为主要目的，后者以培养科技史专业人才为第一要务[13]。据提交资料的 42 所高校的不完全统计，1982 年从事专职科技史工作人员已有 135 人，兼职教学人员也有 116 人[38]。但从 1952 年至 1967 年，我国高校只培养科技史研究生 4 名，从 1956 年至“文革”爆发，中国科学院自然科学史研究所也仅招收了 8 名研究生(7 名毕业)[13]，所以在这 200 余人的教职人员队伍中，绝大部分应是出于兴趣自学成才。因此高校科技史学科的“课程设置”和“师资培养”，一方面努力将科技史作为“独立课程”纳入教学体系，继续为师资队伍的扩充储备人才；另一方面则是采用多种培养方式来提高现有教职人员的素质。王锦光在“华师大”为“研究生”和“进修班”的授课经历便是上述两层含义的最好诠释。

“华师大”全称华东师范大学，自 1978 年成立自然辩证法暨自然科学史研究室后，开始招收“数学教育与数学史”研究生[39]，随后致力于科技史多学科并进的发展模式。1984 年获得了“生物学史”硕士学位授予权[40]；1986 年又获得了“地理学史”和“物理学史”硕士学位授予权[41]。华师大科技史学科多元化的发展结果，尤其是“物理学史”学位授予权的获得，其中也应该有锦光先生的一份努力。

高校物理学教材中涉及的物理学史内容甚少，如此便“使学生感到许多重要的思想结论似乎都是凭空而来的……不利于培养学生的创造性”[42]。因此自 20 世纪 80 年代初期开始，在师范类、理工类及一些综合类高校便以“选修课”或“讲习班”等

---

① 王锦光致信姜长英，1982 年 11 月 14 日。

② 华中工学院：1952 年全国院系调整时，由武汉大学、湖南大学、广西大学等高校的机械、电机、动力等工科学院组建而成；1988 年更名为华中理工大学；2000 年又与同济医科大学、武汉城市建设学院组建成立华中科技大学。

形式开展物理学史的教学工作。诸如东北师范大学开设的“世界经典物理学史”选修课以及复旦大学开设的“科学史与科学哲学”系列讲座等,都算是较为成功的典型范例。王锦光于南京工学院“物理系”的讲学经历大概应属此列。虽然没有直接证据证明授课效果,但在42所高校的调查中,学生们对此教学模式持认可态度,认为学习科技史“能扩大知识面,有利于改变知识结构……有利于学生自觉地学习唯物辩证法,掌握正确的世界观和方法论”[38]。

“高校科技史专题讨论会”还举办有小型“成果展览会”,用以展示各高校编写的科技通史和专史教材、教学大纲、科研论文、著作、资料等,共计247种[38]。王锦光在信中虽然漏记了此项内容,对自己的著作是否参展也只字未提,但从王锦光“正在计划编著《中国物理史》”的状态以及《中国古代物理学史话》的实际出版情况来看,他的学术著作备受学界关注,而《中国光学史》的出版更是对物理学史研究生培养和学科发展影响深远。

4 学术著作

王锦光与学生洪震寰①先后完成的《中国古代物理学史话》(以下简称《史话》)和《中国光学史》不仅通俗易懂,而且对物理学史的研究与教学都有很大的参考价值。虽然《史话》在经学考释方面尚存推敲之处[43],某些课题的研究也尚待深入,但却不能否定她的成功[44]。而在王锦光致姜长英的信中,更是难得的留有《史话》的成书记录:

姜长英同志:

> 您对《中国古代物理学史话》提意见,提得很好,再版时改正。此书是“文化大革命”前组稿的,河北人民出版社要出一套《史话》丛书,写了一些初稿,“文革”来了,写作停下来。78年底又联系上了。79年年底交稿,去年11月出书,按目前国内来说,总算是快的。②

通过书信的文字记述可知,《史话》在“文革”前已完成组稿并开始撰写初稿,但受“文革运动”的影响搁浅至1978年年底,再次接受河北人民出版社的邀请后,王锦光对文稿进行了重新修订,至1979年年底截稿,1981年11月正式出版发行。1984

① 洪震寰(1933—1995):浙江温州人,1954年毕业于浙江师范学院,曾任教于温州一中、温州师范学院、温州大学,师从王锦光先生研究中国古代物理学史,其研究《墨经》等学术成果受到叶企孙、钱宝琮等老一辈科技史家的肯定。

② 王锦光致信姜长英,1982年1月12日。

年台湾明文书局将其纳入《格致丛书》，更名为《中国物理学史话》。

《史话》作为“我国第一本系统介绍祖国古代物理学发展历史的读物”，曾受到胡道静①先生的推崇，为此还曾向上海文汇报的张晓明编辑推荐过此书。

晓明同志：

赐复敬悉，谢谢您的帮助。还有一事奉托，杭大教授王锦光所著《中国古代物理学史话》刚才出版，这是我国第一本系统介绍祖国古代物理学发展历史的读物。过去有关天文学、数学、化学、医学等方面科学史著作出了不少，物理学史还是初见。希望您能为此书写一简单的书讯报道在贵报发表。附上一个参考稿，只是供您撰写时参考之用。怎么写法，完全由您处理。附书一册，代作者送给您，请指正，希望向作者直接提出宝贵意见。②

胡道静所言的书讯“参考稿”，随手札收集之时并未发现，推测应是撰写书讯作参考时与手札分散。但在王锦光签赠于姜长英的《史话》中却意外地发现了发表在《文汇报》的这篇书讯。《史话》扉页正面是“姜长英同志指正 王锦光敬赠 八一.十二月”的签赠，翻过扉页便是以剪报的形式粘贴于书中的书评：

中华民族对物理学有过杰出的贡献。杭州大学物理系副教授王锦光及其助手洪震寰合著的《中国古代物理学史话》，介绍了我国古代科学文化史册中包含丰富物理知识的《墨经》、《考工记》、《梦溪笔谈》、《物理小识》、《远西奇器图说》等书籍以及墨翟、沈括、方以智、张宰、王夫之、孙云球、黄履庄、王征等杰出的古代学者。这是介绍我国古代物理学史的第一本著作。

在书讯标题“中国古代物理学的成就”的下方，有姜长英“1982.5.31 文汇报”手迹一行，可确认此篇书评刊载于《文汇报》，再细检《文汇报》电子档案，得知书讯刊于“向科学进军”版块。文章结尾标注作者为虞信棠，虞信棠先生1981年以“胡道静助手”的名义成为其私淑弟子，直至胡老谢世，追随前后廿年有余[45]。书评出自虞先生之手，也定是胡老于弟子的嘱托。

《中国光学史》即将问世之时，胡道静同样写有道贺信函，并给予了王锦光很高的评价：“王锦光为祖国物理学史的探研投付的巨大精力和收获的丰功硕果，一直为我所无限敬佩，同时不断地从他孜孜不倦献身于学术探索的晶莹气质得到精神上的鼓励和支持”[46]。再从信中“我同锦光定交逾三十年”一语推测，王锦光与胡道静的

---

① 胡道静(1913—2003)：祖籍安徽泾县，出生上海，我国著名的古文献学家、科技史家，著有《校雠学》《公孙龙子考》，尤以《梦溪笔谈校证》驰名海内。

② 胡道静致信张晓明，1981年12月6日。

交往似乎比姜长英更早。在王锦光培养研究生的过程中,作为学术老友的胡道静,也曾与其门下弟子多有指点和帮助,写推荐信、引荐名师、论文答辩,都尽其所能地为其提供方便和学术支持,这也是许多"王门弟子"踏上独立研究道路之后对其恩泽仍怀念在心的原因[15,27]。

对《中国光学史》提前表示祝贺的还有著名科技史家李约瑟博士:"欣闻一部中国光学史的权威性著作不久行将出版,实为钦佩。请允许我祝贺她的成功"[46]。而物理学家杨振宁博士在读了此部著作后,也曾致信王锦光:"科学史很重要,中国抓古代,外国抓现代"[47],认同其研究中国古代科技史的必要性以及研究方法的正确性。王锦光于20世纪40年代中后期便开始了光学及光学史的研究,早在温州中学执教期间,就曾自编光学教材,其学生(眼科专家)毕业四十余年后,仍在向王锦光寻找副本[10];1954年王锦光撰写的《中国光学史初探》一文[8],更为《中国光学史》的成功奠定基础。所以"既有独创特色,又兼百家之长"[48]的《中国光学史》是王锦光学术沉淀的结果。此书框架清晰,结构严谨,"以时间为经、事实为纬的编年体和记事体相结合的办法撰写而成"[46];它取材广泛,考证翔实,上至太古,下至清末,把古籍中所涉及的光学现象、光学实验、光学仪器等内容科学地进行了整理和分类研究。所以此书一经问世,遂成为科技史著作中的一座高峰。

《中国古代物理学史话》和《中国光学史》两部带有拓荒性质的科技史著作,均由王锦光和洪震寰合作完成,而在两书的前言中,王锦光也对参与编写的闻人军、薄忠信、李磊、何卫国、余善玲、李胜兰等学生表示了谢意[46]。"师生合作"本是王锦光培养学生的一剂妙方,王门弟子多有领悟而获益于此,所以纵观王锦光存世的百余篇著述,与学生合作者为数可观。如此看来,在王锦光的价值观里,治学的目的并不在业绩辉煌的著作等身,而是在科技史发展的后继有人。

5 结　　语

王锦光曾为"文革"中损失的姜长英"文件"而倍感遗憾,但我辈有幸,还能从他们走出"阴霾"后的一束手札中,感受改革开放带给科技史教育事业发展的新生机。锦光先生三十多年前的文字,鲜活地展现出了高校科技史学科建设中的某些细节,从研究生培养到选修课设置,虽然略带试验性色彩,但却不失为用心良苦的典范;年过花甲的他,甘愿在科技的"春天"里为学术而"东奔西走"。而由书信墨迹、剪报标识、书评书讯等钩沉到的人与事,因之照见的是三代科技史学人的学术情谊,而让人叹服的也不仅仅是他们的学识素养,还有他们对待事业的热情、执着、虔诚的心。

参考文献

[1] 郑泽尧.姜长英传略:上[J].航空史研究,2001(2):2-4.

[2] 郑小明,郑造桓.杭州大学教授志[M].杭州:杭州大学出版社,1997:186.

[3] 张柏春,李明洋.中国科学技术史研究70年[J].中国科学院院刊,2019,34(9):1071-1084.

[4] 姜保年.天穹之梦:中国航空史研究奠基人姜长英教授[M].上海:上海人民出版社,2015:97-98.

[5] 中国科学院自然科学史研究室.科学史研究动态[R].1962-09-20.

[6] 林秀英.相伴永远:深情回忆我的丈夫王锦光[M]//王才武.科学技术与文明传承:王锦光先生学术文存.杭州:浙江大学出版社,2021:555-559.

[7] 王才武.我的父亲:一位勤奋、执着的中国物理学史研究的开拓者[M]//王才武.科学技术与文明传承:王锦光先生学术文存.杭州:浙江大学出版社,2021.560—563.

[8] 王锦光.如果我是一个物理学史研究生[M]//王才武.科学技术与文明传承:王锦光先生学术文存.杭州:浙江大学出版社,2021:234-237.

[9] 作者不详.杭州大学开设中国科技史课[J].中国科技史料,1981(3):100.

[10] 王兴无.父亲对我教育生涯的影响[M]//王才武.科学技术与文明传承:王锦光先生学术文存.杭州:浙江大学出版社,2021:573.

[11] 傅杰.为了孩子们[N].浙江大学报.2016-04-16(4).

[12] 席泽宗.第二届国际中国科学史会议在香港大学举行[J].自然辩证法通讯,1984(3):78-79.

[13] 翟淑婷.1950—1960年代中国的科学史研究生培养[J].中国科技史志,2009,30(4):396-406.

[14] 詹志华.中国科学史学史研究[D].厦门:厦门大学,2009.

[15] 韩玉芬,闻人军.锦光师范长存 闻人考工司南:闻人军先生访谈录[J].自然科学史研究,2019,38(3):352-369.

[16] 钱临照.纪念物理学界的老前辈叶企孙先生[J].物理,1982(8):466-469.

[17] 胡化凯.严谨求实 不务虚华:忆钱临照先生的学术风范[J].自然科学史研究,2017,36(2):188-193.

[18] 虞昊.中国科技的基石:叶企孙和科学大师们[M].上海:复旦大学出版社,2000:36.

[19] 席泽宗.钱临照先生对中国科学史事业的贡献[J].中国科技史料,2000(2):102-108.

[20] 李志超.天人古义:中国科学史论纲[M].郑州:大象出版社,1998:356.

[21] 李志超.锦光鸿福 室堂卷香:记王公与科大及我的友谊[M]//王才武.科学技术与文明传承:王锦光先生学术文存.杭州:浙江大学出版社,2021:525-527.

[22] 张子文.奖掖青年　提携后进　倾心栽培:纪念王锦光教授[M]//王才武.科学技术与文明传承:王锦光先生学术文存.杭州:浙江大学出版社,2021:234.
[23] 孙小淳,胡铁珠,段异兵.薄树人先生与中国天文学史研究[J].中国科技史料,1998(3):48-58.
[24] 江晓原.科学史泰斗席泽宗的学术贡献[J].科学新闻,2017(11):50-54.
[25] 郭金海.严敦杰与中国科学院自然科学史研究所[J].自然科学史研究,2018,37(3):315-326.
[26] 王渝生.科学史家严敦杰先生传略[J].广西民族大学学报(自然科学版),2018,24(1):9-14.
[27] 李磊.吾师锦光[M]//王才武,林秀英.科学技术与文明传承:王锦光先生学术文存.杭州:浙江大学出版社,2021:535-537.
[28] 石云里.文章薪火,永烛后学:钱临照院士与科大的科学史研究[M]//侯建国,钟万勰.钱临照、钱令希纪念文集.北京:科学出版社,2016:55-59.
[29] 胡化凯.继往开来　不断进步:中国科学技术大学科技史学科的建设与发展[J].中国科技史杂志,2007(4):320-324.
[30] 熊伟.古道西风忆戈革[M]//王德禄.独具一戈:戈革纪念文集.北京:中国石油大学出版社,2018:60.
[31] 王福山.王福山:我在德国学习期间的若干回忆(1929—1940)[M]//王纯尧,王纯言.王福山教授纪念册.出版社不详,1995:10.
[32] 金尚年.王福山先生和科学史研究[M]// 王纯尧,王纯言.王福山教授纪念册.出版社不详,1995:38.
[33] 文心.中国科技史学会 1982 年物理学史讨论会在京召开[J].自然辩证法通讯,1983(1):73.
[34] 陈毓芳,邹延肃.物理学史简明教程[M].北京:北京师范大学出版社,1986.
[35] 谢邦同.世界经典物理学史[M].沈阳:辽宁教育出版社,1988.
[36] 潘永祥,王锦光,金尚年.物理学简史[M].武汉:湖北教育出版社,1990.
[37] 作者不详.首批硕士学位授予单位及其学科、专业名单[J].高教战线,1982(7):46-48.
[38] 李宜昌.高校科技史专题讨论会在武汉召开[J].自然辩证法通讯,1983(1):74.
[39] 首批硕士学位授予单位及其学科、专业名单:续一[J].高教战线,1982, 4 (8):46-48.
[40] 第二批硕士学位授予单位及其学科、专业名单:续[J].高教战线,1984(5):39-41.
[41] 第三批硕士学位授予单位及其学科、专业名单:续一[J].中国高等教育,1987(1):47-48.
[42] 金尚年.开设物理学史课的探讨[J].自然辩证法通讯,1983(1):75-76.
[43] 戈革.读《博物志》散记:兼和洪震寰先生商榷[J].华东石油学院学报,1982(S1):79-88.

[44] 戴念祖.简评《中国古代物理学史话》[J].物理,1982(12):771.
[45] 虞信棠.师恩长忆话当年:我与道静先生的师生情谊[M]//上海市历史学会.上海史学名家印象记.上海:上海人民出版社,2012:183-184.
[46] 王锦光,洪震寰.中国光学史[M].长沙:湖南教育出版社,1986:1-2.
[47] 胡道静.神州智能与科技古籍[J].杭州大学学报(哲学社会科学版),1991(1):4-5.
[48] 闻人军.中国物理学史的序幕:评《中国光学史》[J].物理,1986(8):519-520.

I've Been Busy Lately: Wang Jinguang in the Early 1980s

Li Guangjin
China Science and Technology Museum, Beijing 100101

Abstract Wang Jinguang is a representative figure among those who founded the history of science and technology courses in some universities in China. He also held an elective course in the history of science and technology while training postgraduates in the history of physics at Hangzhou University. He had made great achievements in the cultivation of talents and discipline development in the history of science and technology. This paper mainly studied and collated the four letters written by Wang Jinguang and Jiang Changying, the recommended notes written by Hu Daojing for Wang's works, as well as the lost and found book reviews and briefs, and summarized the old facts used to explore the history of science and technology, so as to make up for the academic life of this accomplished historian of science and technology.

Key words history of chinese science and technology; history of chinese science and physics; Wang Jinguang

作者简介

李广进,北京人,中国科学技术馆讲师,研究方向:古代科技史、科普史。E-mail:492879213@qq.com。